कबीर के आलोचक

कबीर के आलोचक

डॉ. धर्मवीर

वाणी
प्रकाशन

प्रकाशन के उत्कृष्टतम 61 वर्ष

nipraakashan.com

सजिल्द पहला संस्करण : 1997
सजिल्द दूसरा संस्करण : 2009
सजिल्द तीसरा संस्करण : 2015
सजिल्द चौथा संस्करण : 2024

वाणी प्रकाशन
4695, 21-ए, दरियागंज, नयी दिल्ली-110 002
फ़ोन : +91 11 23273167, 23275710
शाखाएँ
अशोक राजपथ, पटना-800 004, बिहार
कॉफ़ी हाउस कैम्पस, महात्मा गांधी मार्ग, प्रयागराज-211 001, उत्तर प्रदेश
महात्मा गांधी अन्तरराष्ट्रीय हिन्दी विश्वविद्यालय, वर्धा-442 001, महाराष्ट्र
36/ए, शेक्सपियर सरणी, रानी बिरला गर्ल्स कॉलेज के पास, कोलकाता-700 017, प. बंगाल
sales@vaniprakashan.in
vaniprakashan@gmail.com

KABIR KE AALOCHAK
by Dr. Dharmveer

ISBN : 978-81-7055-546-9
Criticism

मूल्य : ₹ 395

जी.एस. ऑफ़सेट द्वारा दिल्ली-110 095 में मुद्रित

वाणी प्रकाशन का लोगो मक़बूल फ़िदा हुसेन की कूची से

आचार्य श्रद्धेय गुरू प्रसाद जी को
जिन्होंने मुझे कबीर के संबंध से
'हिन्दू कहों तो हों नहीं, मुसलमान भी गोरी'
का महावाक्य पढ़ाया है।

— **धर्मवीर**

भूमिका

यह पुस्तक कबीर पर मेरी बड़ी योजना का एक हिस्सा है। इस में मैंने कबीर के ब्राह्मणवादी समीक्षकों को समझना चाहा है। इस में पता चलता है कि ब्राह्मणवादी समीक्षकों ने कबीर के दर्शन और सामाजिक सन्देश के प्रति तनिक भी सम्मान नहीं बरता। उन्होंने कबीर की नहीं बल्कि कबीर के भीतर रामानन्द ब्राह्मण को बैठा कर उस की प्रशंसा की है। मूल कबीर से ये सभी बचते हैं। इनकी यह भी कोशिश रही है कि कहीं यह सिद्ध न हो जाए कि कबीर दलितों के किसी पुराने धर्म के प्रचारक या अपने किसी नए धर्म के प्रवर्तक थे। उन सबका उद्देश्य इस सम्भावना पर रोक लगाना है कि हिन्दू धर्म को छोड़ कर भारत के दलितों का कोई नया या अलग धर्म भी हो सकता है।

–धर्मवीर

जनता शू स्टोर,
डी-2, मेन मार्किट,
शकरपुर, दिल्ली–110092.
30 मई, 1997.

अनुक्रम

अध्याय—1

कबीर का समय : जन्म और उनकी मृत्यु

कबीर के जन्म और उनकी मृत्यु के समय और स्थान के बारे में विद्वानों की एक राय नहीं है। इसका कारण यह है कि इतिहास और भूगोल की दृष्टि से अभी कुछ निश्चयात्मक रूप से तय नहीं हो पाया है। जो कुछ सूचनाएँ प्राप्त होती हैं वे ढीले अन्तःसाक्ष्य, कमजोर बाह्य प्रमाण और पक्षधरता की साम्प्रदायिक जनश्रुतियों के माध्यम की हैं। तथ्यों की इन कठिनाइयों के साथ विद्वानों के दृष्टिकोण भी ठीक नहीं हैं। तथ्यों को लेकर विद्वान लोग जिस अनुमान का सहारा लेते हैं वह नाम मात्र का अनुमान होता है। वास्तव में वह उनकी कल्पना शक्ति भी होती है। विद्वानों की कल्पना शक्ति उनकी साम्प्रदायिक भावनाओं की पिछलग्गू बन कर रह जाती है। अपनी विशेष पक्षधरता के कारण वे सच्चाई के साथ खींचतान और तोड़-मरोड़ तक करते हैं। इस तोड़-मरोड़ में उन्हें यह भी ध्यान नहीं रहता कि वे किस प्रकार के असामान्य निष्कर्ष निकाल रहे हैं।

अयोध्या सिंह उपाध्याय हरीऔध ने कबीर के जन्म और मरण का एक विवरण पत्र तैयार किया है। यह विवरण विभिन्न पुस्तकों के आधार पर बनाया गया है। इसे नीचे दिया जा रहा है।[1]

क्रम सं.	पुस्तक का नाम	विक्रम संवत्		ईस्वी सन्		आयु वर्षों में
		जन्म	मरण	जन्म	मरण	
1.	कबीर कसौटी	1455	1575	1398	1518	120
2.	भक्ति सुधा बिन्दु संवाद	1451	1552	1394	1495	101
3.	कबीर एण्ड दी कबीर पन्थ	1497	1575	1440	1518	78
4.	सम्प्रदाय	1205	1505	1149	1448	300

1. कबीर वचनावली, अयोध्या सिंह उपाध्याय हरिऔध, नागरी प्रचारिणी सभा, काशी, 11वां संस्करण, संवत् 2015

इस चार्ट में हरिऔध जी ने यह भी सूचना दी है कि डॉक्टर हण्टर ने कबीर का जन्म सन् 1380 ई. अर्थात् विक्रम 1434 में लिखा है तथा विल्सन ने उन की मृत्यु सन् 1448 ई. अर्थात् संवत् 1505 में बतलाई है।

कबीर के जन्म के बारे में जो लिखित काव्य सामग्री उपलब्ध है, वह इस प्रकार है :

1. संवत् बारह सौ पाँच में ज्ञानी कियों विचार।
   काशी में परगट भयों शब्द कहो टकसार।
2. चौदह सौ पचपन साल गए चन्द्रवार एक ठाठ ठए;
   जेठ सुदी बरसायत को पूरनमासी प्रगट भए।[2]

कबीर की मृत्यु के सम्बन्ध में जो प्रचलित काव्य पंक्तियाँ मिलती हैं, वे इस प्रकार हैं :

1. पन्द्रह सौ औ पाँच में मगहर कीन्हो गौन।,
   अगहन सुद एकादसी, मिल्यो पौन में पौन॥
2. पन्द्रह सै उनचास में मगहर कीन्हो गौन।
   अगहन सुदि एकादशी मिलो पौन में पौन॥
3. समन्त पन्द्रा सौ उनहत्तरा रहाई।
   सतगुर चले उठि हंसा ज्याई॥
4. संवत् पन्द्रह सौ पछहत्तरा किया मगहर को गवन।
   माघ शुदी एकादशी रलो पवन में पवन॥[3]

जो अन्य ऐतिहासिक प्रमाण उपलब्ध हैं वे जनश्रुतियों में रले मिले इस प्रकार हैं :

1. बिजली खां ने संवत् 1507 (सन् 1450 ई.) में अमी नदी के किनारे तथा बस्ती जिले के खिरनी नामक स्थान पर कबीर के रोजे का निर्माण करवाया था। इसका नवाब फिदाई खां द्वारा संवत् 1624 (सन् 1567) में जीर्णोद्धार करवाया गया था।[4]
2. यह भी माना जाता है कि असम के प्रसिद्ध भक्त शंकर देव (संवत् 1506 : 1625) ने अपनी उत्तरी भारत की बारह वर्षीय तीर्थ यात्रा

---

2. कबीर साहित्य की परख। परशु राम चतुर्वेदी, भारती भंडार, लीडर प्रेस, इलाहाबाद, प्रथम संस्करण, संवत् 2011, पृ.-268
3. वही, पृ.-268
4. वही, पृ.-273

(संवत् 1540 : 1552) के अवसर पर कबीर की समाधि के दर्शन किए थे।[5]

इनके अतिरिक्त कबीर के बारे में कुछ और जनश्रुतियाँ प्रचलित हैं जो इस प्रकार हैं :

1. कबीर रामानन्द (संवत् 1356 : 1467) के समकालीन थे।[6]
2. कबीर का संवत् 1551 में सिकन्दर लोदी से काशी में आमना-सामना हुआ था। सिकन्दर लोदी ने उन्हें उनके धार्मिक सिद्धान्तों के लिए दण्डित किया था। तब कबीर को काशी छोड़ कर मगहर जाना पड़ा था।[7]
3. नानक की (संवत् 1526 : 1596) कबीर के साथ संवत् 1553 में नानक के 27वें वर्ष में भेंट हुई थी।[8]
4. कबीर को झूंसी वाले तकी (मृत्यु संवत् 1466) का समसामयिक माना जाता है।[9]
5. कबीर की आयु 120 वर्ष की थी।[10]

कबीर के जन्म और मरण काल के बारे में मूल सामग्री और जानकारी इतनी ही है जो ऊपर दी गई है। विद्वान अपनी-अपनी बुद्धि के अनुसार इस सामग्री में से यह या वह संवत् चुनते रहते हैं। लेकिन ज्यादातर हिन्दू लेखकों का संवत् चुनने का आधार वैज्ञानिक और तथ्यपरक नहीं है। केवल कुछ ही भारतीय विद्वान और विदेशी विद्वान वैज्ञानिक आधार को अपनाते हैं। एक हिन्दू लेखक डॉ. गोविन्द त्रिगुणायत का तर्क देखा जा सकता है कि वह कितना कमजोर तर्क है—"अनन्त दास की परिचई के अनुसार कबीर ने 120 वर्ष की आयु पाई थी। कबीर ऐसे महात्मा को इतनी आयु होना आश्चर्यजनक भी नहीं है। हम ऊपर कबीर की जन्म तिथि संवत् 1455 निश्चित कर चुके हैं। 1455 में 120 जोड़ देने पर उनकी मृत्यु तिथि 1575 आती है। अतः इन सभी तिथियों में मेरी समझ में संवत् 1575 वाली तिथि ही प्रमाणिक माननी चाहिए। इससे कबीर को सिकन्दर लोदी, स्वामी रामानन्द तथा नानक चैरू के समकालीन मानने में बाधा नहीं पड़ती है।"[11] कबीर ही नहीं,

---

5. वही, पृ.-292
6. वही, पृ.-284
7. वही, पृ.-270
8. वही, पृ.-271
9. वही, पृ.-274
10. कबीर की विचार धारा, डॉ. गोविन्द त्रिगुणायत, साहित्य निकेतन, श्रद्धानंद पार्क, कानपुर, द्वितीय संस्करण, संवत 2014, पृ.-9
11. वही, पृ.-47

डॉ. गोविन्द त्रिगुणायत रामानन्द के बारे में भी इसी तर्क का इस्तेमाल करते हैं। वे लिखते हैं–"हम रामानन्द का समय संवत् 1385 से लेकर 1505 तक निश्चित कर सकते हैं। इस निश्चय के अनुसार उनकी आयु लगभग 120 वर्ष की आती है। जनश्रुति भी है कि उन्होंने 120 वर्ष की आयु प्राप्त की थी। रामानन्द ऐसे योगी और महात्मा की आयु 120 वर्ष होना स्वाभाविक ही है।"[12] सोचा जा सकता है कि ऐसे विद्वान की बात कैसे मानी जा सकती है। इन विद्वान को मनुष्य की 120 वर्ष की आयु अस्वाभाविक नहीं लग रही है और उन्होंने मनुष्य को महात्मा कह कर रामानन्द और कबीर की आयु बड़ी जल्दी 120 और 120 वर्ष की मान ली है।

कबीर की मृत्यु संवत् 1505 में न मानने का डॉ. गोविन्द त्रिगुणायत का एक और तर्क देखा जा सकता है। वे लिखते हैं–"ब्रिग्स साहब सिकन्दर लोदी का आगमन सन् 1494 में मानते हैं पर आरकेलाजिकल सर्वे आफ इण्डिया में लिखित तथ्यों के आधार पर सिकन्दर लोदी और कबीर का इस तिथि पर मिलना असम्भव सिद्ध हो जाता है क्योंकि उसमें लिखा है कि सन् 1450 में बिजली खाँ ने आमी नदी के दाहिने तट पर कबीर शाह का रोजा बनवाया था तथा 1567 में फिदई खाँ ने उसकी मरम्मत करवाई थी।" इसका तात्पर्य यह है कि कबीर 1450 तक सतलोकगामी हो चुके थे। इस मत के आधार पर ही कुछ लोग यह मानने लगे हैं कि कबीर की निधन तिथि सन् 1450 के पूर्व किसी समय है। डॉ. राम कुमार वर्मा का मत इससे भिन्न है। उनका अनुमान है कि "बिजली खाँ कबीर का भक्त था। उसने मगहर में उनकी जन्म तिथि के उपलक्ष में रोजा बनवाया था। पर वहाँ की बनी हुई समाधि इस बात की विरोधिनी प्रतीत होती है। मेरा अनुमान है कि सर्वे का तिथि निर्देश केवल अनुमान मूलक है और किन्हीं पुष्ट प्रमाणों पर आधारित नहीं है। अतः हमें उसकी ओर विशेष ध्यान नहीं देना चाहिए।"[13]

यहाँ डॉ. रामकुमार वर्मा की मानसिक भगदौड़ देखी जा सकती है कि बिजली खाँ ने कबीर का रोजा उनकी जन्म तिथि के उपलक्ष में बनवाया था। यह बाद में देखा जाएगा कि कबीर की जन्म तिथि किसी हालत में भी तय नहीं हो सकती थी लेकिन पहले डॉ. गोविन्द त्रिगुणायत का तर्क देखा जाए कि सर्वे का तिथि निर्देश केवल अनुमान मूलक है और किन्हीं पुष्ट प्रमाणों पर आधारित नहीं है, इसलिए उसकी ओर विशेष ध्यान नहीं देना चाहिए। अजीब बात है कि डॉ. गोविन्द त्रिगुणायत सर्वे के अनुमान को अपने अनुमान से काट रहे हैं। उन्होंने सर्वे के अनुमान को मात्र अनुमान मान लिया है और अपने अनुमान को प्रमाण। उन्हे मालूम होना चाहिए कि सर्वे के अनुमान वैज्ञानिक हुआ करते हैं। सर्वे के अनुमान

---

12. वही, पृ.-28

13. वही, पृ.-25-6

को काटने के लिए डॉ. त्रिगुणायत की मात्र कल्पना की उड़ान पर्याप्त नहीं है। अनुमान के सामने दूसरा अनुमान लाया जा सकता है पर इस प्रकार के मानने के आधार पर नहीं कि मनुष्य की महात्मा के रूप में 120 वर्ष की आयु स्वाभाविक है। सच बात यह है कि यदि सर्वे के अनुमान पर ध्यान नहीं दिया जाना है तो फिर उसके मुकाबले में जनश्रुति पर बिलकुल भी ध्यान नहीं दिया जाना चाहिए।

अब एक डॉ. गोविन्द त्रिगुणायत की बात छोड़ी जाए और देखा जाए कि इन सारे विद्वानों के कबीर के जन्म और निधन वर्ष के बारे में परस्पर विरोधी विचार मिलते हैं। ऐसे समय में कबीर का विद्यार्थी क्या कर सकता है ? उसके सामने ऐतिहासिक तथ्य, जनश्रुतियाँ और साम्प्रदायिक पूर्वाग्रह हैं—और उसे निश्चयात्मक रूप से कुछ सही-सही सिद्ध करना है। सत्य की खोज का रास्ता नीर-क्षीर विवेक का है। वह कुछ भी नष्ट न करे बल्कि उपलब्ध तथ्यों को अलग-अलग करके सशर्त बना दे। साहित्य की उपलब्ध सामग्री में सभी कुछ ठीक है पर वह यह बताए कि कौन सी बात ऐतिहासिक है, कौन सी मनोबृत्ति जनश्रुतियों को खड़ी करने में सामाजिक रूप से निर्णायक बनी है और किस लड़ाई की वजह से इस पंथ के खिलाफ षड्यन्त्र रचे गए हैं। जो सामग्री के रूप में इकट्ठा मिलता है। उसे अलग-अलग करके देखे और जो अलग-अलग मिलता है उसे इकट्ठा करके देखे। अपनी पूर्व मान्यताओं को झिंझोड़ देने का अवसर दे और सही बात को सही कहने का साहस करे। उसे जो अपनी सामाजिक लड़ाई लड़नी है वह लड़ाई को बिना तथ्यों को तोड़े-मरोड़े भी जारी रख सकता है। लड़ाई में ऐतिहासिक सत्य को नकारने के रूप में इस्तेमाल न करें।

कबीर के जन्म और निधन की तिथियों को जानने से पहले मोटे रूप में यह तय कर लेना चाहिए कि उनके समय का ज्यादा से ज्यादा फैलाव आगे और पीछे कहाँ तक जा सकता है। कहने का मतलब यह है कि प्रत्यक्ष प्रमाणों के अभाव में यह जान लिया जाए कि कबीर किस सन्त के बाद हुए थे। इसके लिए यह जानना पर्याप्त होगा कि उन्होंने अपनी रचनाओं में किन सन्तों या महापुरुषों का नाम लिया है। इसके उत्तर में कबीर ग्रन्थावली में एक सूचना मिलती है। उसमें कबीर कहते हैं—"गुरु परसादी जैदेव नामा : भगति के प्रेम इन्हहिं है जाना।"[14] यदि यह पंक्ति कबीर की है तो इससे यह सिद्ध हो जाता है कि जयदेव और नाम देव कबीर से पहले हो चुके हैं। यह बात फिर अलग है कि नामदेव के जन्म और

---

14. हिन्दी काव्य में निर्गुण सम्प्रदाय, लेखक डॉ. पीताम्बर दत्त बड़थ्वाल, अनुवाद परशुराम चतुर्वेदी, अवध पब्लिशिंग हाउस, पान दरीबा, लखनऊ, प्रथम संस्करण, संवत् 2007, पृ.-32-3

मरण के बारे में भी इन विद्वानों ने भ्रम फैला रखा है और उसमें कुछ निश्चय से तय नहीं होने दिया है। डॉ. गोविन्द त्रिगुणायत बताते हैं कि डॉ. भण्डारकर ने नाम देव का समय तेरहवीं शताब्दी का अन्तिम चरण माना है। इससे यह अनुमान लगाना अनुचित नहीं होगा कि कबीर का समय तेरहवीं शताब्दी के बाद तक पड़ सकता है। उधर, कबीर का उल्लेख ऐतिहासिक पुस्तक 'आइने अकबरी' में आया हुआ बताया गया है। आइने अकबरी का रचना काल सन् 1596 माना गया है। दूसरे, कबीर के साहित्य में कहीं 'मुगल' शब्द का प्रयोग भी नहीं हुआ है। जहाँ कहीं उनके साहित्य में 'मुगल' शब्द का प्रयोग मिलेगा उस अंश को प्रक्षिप्त ही मानना पड़ेगा। हिन्दुस्तान में बाबर की शुरुआत से मुगल काल सन् 1526 से माना गया है। इससे निष्कर्ष निकाला जा सकता है कि कबीर का समय सन् 1526 से पहले का होना चाहिए। फिर नानक और बाबर का समय एक माना गया है। नानक ने सन् 1521 में बाबर द्वारा किए गए भारत पर आक्रमण का वर्णन अपनी अष्टपदियों में किया है। फिर, कबीर का समय नानक के समय से बहुत दूर पड़ गया है। जनश्रुति यह भी है कि नानक की कबीर से भेंट हुई थी लेकिन नानक की वाणी इसका खण्डन करती प्रतीत होती है। नानक वाणी में कबीर नानक के सामने जिस रूप में पेश आए हैं यहाँ वे पंक्तियाँ उद्धृत की जा सकती हैं :

> यक अरज गुफ्तम पेसि तो दर गास कुन करतार।
> हका कबीर करीम तू बे ऐब परवदगार ॥[15]

(हे कर्तार, मैंने तेरे पास एक विनती की है, कान लगा के सुन, तू सच्चा है, बड़ा है, दयालु है, दोष रहित और पालनकर्ता है।)

इस प्रकार कबीर का समय 14वीं और 15वीं शताब्दियों के बीच में कहीं होना चाहिए।

अब यह कैसे तय किया जाए कि 14वीं और 15वीं शताब्दियों में से कबीर का वास्तविक समय कहाँ से कहाँ तक बैठ सकता है। यहाँ मूल विषय पर आने से पहले यह तय कर लेना चाहिए कि क्या कबीर की आयु 120 वर्ष की थी। इसमें जब तक कबीर की आयु का सही-सही पता नहीं चलता तब तक उनकी आयु की दूसरे लोगों की आयु से तुलना कर लेनी ठीक रहेगी। नीचे हिन्दी के कुछ प्रमुख पुराने कवियों की और नानक की आयु और उनका समय दिया जा रहा है। ये इस प्रकार हैं :

---

15. नानक वाणी, डॉ. जयराम मिश्र, लोक भारती प्रकाशन, 15 ए, महात्मा गांधी मार्ग, इलाहाबाद-1, द्वितीय संस्करण, 1988, पृ.-427

क्रम सं.	कवि का नाम	जन्म संवत्	मृत्यु संवत्	आयु
1.	विद्यापति	1417	1505	88 वर्ष
2.	कबीर	1455	1575	120 वर्ष
3.	नानक	1526	1596	70 वर्ष
4.	सूरदास	1535	1620	85 वर्ष
5.	मीराबाई	1555	1603	48 वर्ष
6.	मलिक मुहम्मद जायसी	1557	1600	43 वर्ष
7.	तुलसीदास	1589	1680	91 वर्ष
8.	केशवदास	1612	1676	64 वर्ष
9.	बिहारी	1652	1721	69 वर्ष
10.	भूषण	1692	1772	80 वर्ष
11.	देवदत्त	1730	1824	94 वर्ष[16]

इस तालिका में कबीर की आयु को देखते ही माथा ठनकता है। लगता है कि उनकी आयु के बारे में कुछ असामान्य जरूर है। जब उनकी समानता के अन्य लोगों में से किसी की भी आयु 100 वर्ष तक भी नहीं गई है तो कबीर की आयु को एकदम 120 वर्ष पहुँचा देना कपोल-कल्पित सा लगता है। इस तालिका से डॉ. गोविन्द त्रिगुणायत के उन कथनों की कलई खुल जाती है कि ''कबीर ऐसे महात्मा को इतनी आयु होना आश्चर्यजनक भी नहीं है'' या ''रामानन्द ऐसे योगी और महात्मा की आयु 120 वर्ष होना स्वाभाविक ही है।'' यहाँ औसत निकालने की आवश्यकता नहीं है लेकिन सबसे अधिक 94 वर्ष की आयु का केवल एक व्यक्ति है। यदि अनुमान का प्रत्यक्ष प्रमाण की तरह सहारा लेना पड़े तो कबीर की आयु ज्यादा से ज्यादा 90 वर्ष की मानी जा सकती है लेकिन हिन्दू लेखक प्रत्यक्ष के अभाव में और अनुमान से परे अपनी सम्भावनाओं का सहारा लेते हैं। डॉ. श्याम सुन्दर दास लिखते हैं–''इन सब बातों पर एक साथ विचार करने से यही सम्भव जान पड़ता है कि कबीरदास जी का जन्म संवत 1456 में और मृत्यु संवत् 1575 में हुई होगी। इस हिसाब से उनकी आयु 119 वर्ष की होती है जिस पर बहुत लोगों को विश्वास करने की प्रवृत्ति न होगी परन्तु जो इस युग में भी असम्भव नहीं है।''[2] यह हिन्दू विद्वानों की मनमानी की पराकाष्ठा है। पूछा जा सकता है कि इन कवियों में अनेक महात्मा हुए हैं पर उनकी उम्र, उन के महात्मा होने के कारण 120 वर्ष तक क्यों नहीं जा सकी ?

कबीर की 120 वर्ष की आयु के बारे में दो बातें हो सकती हैं– या तो

16. प्राचीन कवियों की काव्य साधना, राजेन्द्र सिंह गौड़, साधना सदन, इलाहाबाद-1, तृतीय आवृत्ति, 1952

कबीर खुद असामान्य आयु तक जीवित रहे थे या उनके बारे में अन्य लोगों ने असामान्य बातें गढ़ी हैं। ऐसा नहीं लगता कि कबीर 120 वर्ष की आयु तक जीवित रहे होंगे। उनके साहित्य और उनके जीवन संघर्ष को देख कर यह नहीं माना जा सकता कि वे एक दिन भी निष्क्रिय रहे होंगे। यदि कबीर 120 वर्ष तक जीवित रहे हों तो यह भी सम्भव है कि उनके बुढ़ापे का काफी समय निष्क्रियता में बीता हो। प्रश्न यही है—क्या वे अपने जीवन में कुछ वर्षों तक निष्क्रिय रहे थे ?

खुद वैदिक साहित्य को लिया जा सकता है। उसमें किसी मनुष्य की आयु 100 वर्ष की मानी गई है। फिर उसमें यह भी सत्य है कि 100 वर्ष की आयु की कामना की गई है। स्पष्ट है, कामना उसी चीज की की जाती है जो दूर से दूर हो और सम्भव हो। वैदिक साहित्यकारों ने 120 वर्ष की आयु की कामना नहीं की है क्योंकि वह उनकी दृष्टि में असम्भव थी। उन्होंने उसी आयु की कामना की है जिसकी वे प्राप्ति कर सकते थे। हिन्दुओं की आश्रम व्यवस्था में भी मनुष्य की आयु 100 वर्ष की ही कल्पित की गई है। उसमें 25-25 वर्ष की, मनुष्य के जीवन की, चार अवस्थाएँ मानी गई हैं। यदि मनुष्य के जीवन की 120 वर्ष की सम्भावना होती तो वे उसके जीवन के 30-30 वर्ष के चार भाग मान सकते थे। लेकिन उन्होंने ऐसी भूल नहीं की है।

प्राचीन ग्रन्थों में मनुष्य की जो सौ वर्ष की आयु की कामना की गई है उसको साकार कर लेना भी खाते-पीते वैदिक घरों में ही संभव था। शर्त यह है कि सौ वर्ष की उम्र पाने के लिए किसी व्यक्ति का बचपन भी अच्छा बीतना चाहिए। गरीब घरों के बच्चों के बचपन भूख, अभाव और तंगी में बीता करते हैं। बाद में किसी व्यक्ति को कितनी भी अच्छी खुराक मिले लेकिन बचपन की कमजोरी उसके लिए लम्बी आयु पाने में बाधा बनती है। फिर, कबीर ने अपनी जवानी को भी अभाव की मस्ती में ढाल लिया था। मस्ती और फकीरी का मतलब यह नहीं होता कि उस व्यक्ति को भर पेट खाना भी मिल रहा है। फिर इस तर्क की कोई काट नहीं है कि कबीर का बुढ़ापा भी अभावों में कटा था। कबीर के घर की कहानी से पता चलता है कि उन्हें सदा गरीबी से लड़ना पड़ा था। इस कारण विद्वानों को यह सोचना छोड़ देना चाहिए कि कबीर की उम्र 120 वर्ष की या 100 वर्ष की भी रही होगी। कबीर अपनी उम्र में ज्यादा से ज्यादा 80 वर्ष तक या उससे थोड़े-बहुत ऊपर कूदे हुए हो सकते हैं। ब्राह्मणी मिलान बैठाने के लिए उनकी उम्र अनावश्यक रूप से अधिक नहीं बढ़ानी चाहिए। कबीर को उनकी उम्र में कबीर ही रहने दिया जाए। 120 वर्ष की उम्र के होते ही निर्धन घर में जन्मे कबीर धनवानों के घर में जन्मे गैर-कबीर हो जाएँगे। साथ ही, इस भारतीय फैशन की बात पर भी थोड़ी रोक लगाने की जरूरत है कि कबीर की आयु 300 वर्ष की थी। अनपढ़ भारतीय समाज के श्रद्धालु लोग आज भी कई साधुओं की उम्र 300 वर्ष मानते हैं। ग्रामीण सांगों में यह गाया जाता है कि गोरखनाथ, भरथरी और रानी पिंगला अभी तक मरे नहीं

हैं और वे कलियुग के आने पर वनों में चढ़ गए हैं।

भारत के अनपढ़ गाँवों में किसी व्यक्ति की उम्र कैसे तय की जाती है ? जब तक व्यक्ति जीवित रहता है तब तक उसके चेहरे को देख कर उसकी आयु का अनुमान लगाया जाया करता है। इस अनुमान में अधेड़ उम्र आने तक दस पन्द्रह वर्ष तक का और बुढ़ापे तक बीस-तीस वर्ष तक का भी अन्तर आ सकता है। गरीब घरों में यदि कोई व्यक्ति साठ वर्ष की उम्र से ऊपर कूदता है तो उसे सौ के नजदीक घोषित करने की कोशिश की जाती है और यदि वह अस्सी वर्ष का हो जाए तो उसे 120 वर्ष का बता दिया जाता है। वैसे, खुद कबीर के साहित्य से पता चलता है कि उस समय निर्धन घरों के आदमियों की उम्र किस प्रकार चलती थी। पंक्तियाँ इस प्रकार हैं :

बारह बरस बालपन बीते बीस बरस कछु तप न कीओ।
तीस बरस कछु देव न पूजा फिरि पछुताना बिरधि भइओ॥[17]

इस उद्धरण से यह भली भाँति देखा जा सकता है कि दलितों की आश्रम व्यवस्था द्विजों की आश्रम व्यवस्था से कितनी भिन्न है। द्विजों की आश्रम व्यवस्था में मनुष्य के ब्रह्मचर्य, गृहस्थ, वानप्रस्थ और संन्यास के चार भाग किए गए हैं और प्रत्येक 25 वर्ष का है। लेकिन श्रमिक जनों की आश्रम व्यवस्था में मनुष्य जीवन का बचपन कुल 12 वर्ष का, जवानी 20 वर्ष की उम्र तक और बाद में जल्दी मरने के लिए केवल 30 वर्ष का बुढ़ापा बचा रहता है।

120 वर्ष की आयु की सम्भावना को खत्म करने के बाद कबीर के बारे में एक और बात पर भी ध्यान दिया जाना चाहिए जिस पर अभी तक किसी भी विद्वान ने ध्यान नहीं दिया है। वह यह है कि भारत में जिस प्रकार निर्धन घरों में बच्चों के जन्म होते हैं उसके बारे में ज्यादा छानबीन करने की जरूरत नहीं रहती। अनपढ़ समाज में किसी भी बच्चे की कोई जन्म पत्री तैयार नहीं की जाती। आज भी शिक्षा का इतना प्रसार होने के बाद तथा भारी रकम और उद्यम की दस वर्षीय जनगणनाएँ शुरू करने के बाद भी शहरों में और शहरों से दूर गाँवों में बच्चों के जन्म की तिथि के बारे में ठीक निश्चय से नहीं कहा जा सकता। निरक्षर घरों में बच्चों के जन्म दिन मनाने की प्रथा पूरी तरह अज्ञात है। बाद में उनके किसी बालक के महान बन जाने पर ज्यादातर सुभीते की दृष्टि से किसी मास की पूर्णमासी को उस व्यक्ति का जन्म दिन घोषित कर दिया जाता है। इस शर्त के अनुसार यह सोचना एकदम गलत है कि कबीर के जन्म के दिन, पल, महीने और संवत् का

17. कबीर ग्रन्थावली, सम्पादक डॉ. श्याम सुन्दर दास, नागरी प्रचारिणी सभा, वाराणसी, 16वां संस्करण, संवत् 2045, पृ.-16

सही-सही पता मिल सकता है। इस मामले में विद्वान यह सोच कर सन्तोष कर लें कि कबीर का वास्तविक जन्म दिन उनके हाथ से खो गया है। अब कोई ज्योतिषी उनका जन्म दिन नहीं बता सकता। बहुत मेहनत करने पर ज्यादा से ज्यादा कबीर के युग को निश्चित रूप से तय किया जा सकता है। इस क्षेत्र में विद्वानों के लिए यह छोटी सी प्राप्ति भी कम महत्त्व की नहीं होनी चाहिए।

कबीर जैसे महापुरुष के बारे में ज्यादा अच्छी तरह से क्या जाना जा सकता है ? उत्तर में ऐसे महापुरुष की मृत्यु के बारे में ज्यादा सही जाना जा सकता है। कबीर के जन्म की संवत् के बारे में तो खुद कबीर भी कुछ नहीं जानते होंगे लेकिन कबीर पन्थ ने कबीर की मृत्यु संवत् अवश्य सुरक्षित रखी होगी। कबीर के बारे में गणित की यही पद्धति अपनानी ठीक रहेगी। उनकी मृत्यु का वर्ष निश्चित करके उनके जन्म के बारे में निर्णय निकाला जाना चाहिए। इस घुप अँधेरे मामले में जन्म से चल कर मृत्यु तक नहीं पहुँचा जा सकता बल्कि मृत्यु से चल कर जन्म तक पहुंचने की उल्टी गंगा बहाई जा सकती है—अर्थात मृत्यु के सिरे से जन्म के सिरे तक जाना ठीक रहेगा। सच बात है, कबीर का जन्म उनकी मृत्यु को छोड़ कर तय नहीं किया जा सकता। यह बात पुनः कही जाए कि किसी भी भारतीय निर्धन आदमी को, जो बड़ा आदमी बन गया है, जन्म तिथि के बजाय उनकी निधन तिथि पर ज्यादा भरोसा किया जा सकता है।

पर क्या कबीर की मृत्यु की संवत् निश्चित है ? पीछे अयोध्या सिंह उपाध्याय हरिऔध द्वारा दिए गए चार्ट और परशुराम चतुर्वेदी की पुस्तक 'कबीर साहित्य की परख' से मूल सामग्री प्राप्त की गई है। लेकिन वह सामग्री विद्वानों के सामने एक बड़ी कठिनाई पेश करती है। उसमें कबीर की मृत्यु की चार संवत् दी गई हैं—संवत् 1505, 1549, 1569 और 1575। निश्चित ही है कि कबीर किसी एक ही संवत् में मरे थे और चार में नहीं। एक आदमी दो बार नहीं मर सकता। तब इनमें से कौन सी एक संवत् सही है और बाकी तीन की व्याख्या कैसे की जा सकती है ? यहाँ इन दोहों और छन्दों में 'मगहर को गवन' या 'मगहर कीहों गौन' तथा 'रलों पवन में पवन' या 'मिलो पौन में पौन' की उक्तियों से अधिक सरोकार नहीं है। यहाँ 'सतगुर चले' की बात पर भी ध्यान नहीं देना चाहिए। हर बार पवन में पवन मिला है, हर बार सतगुर हंस की तरह उठ कर चले हैं और हर बार उनका मगहर को गमन हुआ है। पर यहाँ मूल प्रश्न यह है कि यह 'सतगुरु' कौन है ? क्या यह एक ही व्यक्ति है जो कई बार मगहर की ओर गया है ? क्या ऐसा नहीं हो सकता कि इन चार अलग-अलग संवतों में चार सतगुरुओं का निधन हुआ हो ? ऐसा मानने से कुछ भी छोड़ने की आवश्यकता नहीं रह जाती और सारी उपलब्ध तिथियों की व्याख्या हो जाती है।

उनमें से कोई एक वर्ष कबीर के निधन का वर्ष भी हो सकता है। इन चार संवतों में से किसमें कबीर का निधन वर्ष मानना उचित रहेगा ? कबीर को कबीर पंथ में आदि गुरु माना जाता है, इसलिए जो सबसे पहली संवत् हो उसे ही कबीर का निधन वर्ष माना जाना चाहिए। यह संवत् 1505 है। इस संवत् को मानने से कबीर के बारे में चार बातों की एक साथ और सम्यक व्याख्या हो जाती है :

1. आर्केलाजिकल सर्वे आफ इण्डिया द्वारा यह निष्कर्ष कि संवत् 1507 में बिजली खाँ द्वारा कबीर का रोजा बनवाया गया था।
2. असम के संत शंकर देव ने उत्तरी भारत की संवत् 1540 से संवत् 1552 की अपनी बारह वर्षीय तीर्थ यात्रा के दौरान मगहर में कबीर की समाधि के दर्शन किए थे।
3. इस एक उक्ति का अर्थ निकलता है जो लिखी गई है–'पन्द्रह सौ ओ पाँच में मगहर कीन्हों गौन'।
4. और अगली बात कबीर के सम्प्रदाय की है। कबीर के सम्प्रदाय में उनका निधन संवत् 1505 ही ठहराया गया है।

यहाँ यह भी देखा जा सकता है कि सम्प्रदाय में कबीर का जन्म संवत् 1205 ठहराया गया है जो किसी भी दृष्टि से सहीं नहीं है लेकिन सम्प्रदाय के लोगों को केवल यही मालूम हो सकता था कि कबीर का निधन कब हुआ था। उनके जन्म के बारे में सम्प्रदाय के लोगों ने केवल तत्कालीन साम्प्रदायिक अनुमान लगाया था कि वे तीन सौ वर्ष की आयु तक जीवित रहे थे। इस बेतुके अनुमान में भी यह बात बहुत सारगर्भित है कि कबीर का जन्म संवत् 1505 के ठीक 300 वर्ष पहले संवत् 1205 में ले जाया गया है। इससे पता चलता है कि सम्प्रदाय वालों के पास ठीक संवत् 1505 थी जिसके आधार पर वे संवत् 1205 में गए हैं। इसे यूँ भी कहा जा सकता है कि जन्म के लिए उन्होंने संवत् 1205 के सिवा कोई अन्य वर्ष नहीं माना।

सन्त-महात्माओं की आयु के सम्बन्ध में इस सौ वर्ष और सौ वर्ष की गुणाओं का भारतीय जन मानस में बहुत महत्त्व है। कौटिल्य के अर्थशास्त्र में इसे राजनय की शास्त्रीयता भी प्रदान की गई है। चाणक्य ने अपनी कूटनीति के लिए इसका इस्तेमाल करते हुए लिखा है–"मुण्डित या जटाधारी साधु के वेश में पहाड़ की गुफा में अपने अनेक शिष्यों सहित रहने वाले गुप्तचर अपनी आयु को चार सौ वर्ष की बता कर नगर के समीप डेरा डालें। वे शिष्य लोग राजा तथा उसके अमात्यों को कन्द, मूल, फल ले कर उस भगवत स्वरूप सिद्ध पुरुष के दर्शन करने के लिए उत्साहित करें। जब राजा उसके दर्शनार्थ जाए तब वह साधु वेशधारी गुप्तचर प्राचीन राजाओं और देशों के सम्बन्ध में अनेक बातें बताए तथा कहे–'मैं सौ वर्ष

बीत जाने पर अग्नि में प्रवेश करके फिर बालक बन जाता हूँ। अब यहाँ पर आपके सामने चौथी बार अग्नि में प्रवेश करूँगा। कुछ वरदान देकर मैं आपको सम्मानित करना चाहता हूँ। अपने इच्छानुसार आप मुझ से तीन वर माँग सकते हैं।'[18] यह बात अलग है कि कौटिल्य किस प्रयोजन से ऐसे छल रचते हैं, प्रयोजन कुछ भी हो सकता है, यहाँ केवल यह बात समझ लेने की है कि भारत के जन मानस को ऐसे ग्रन्थों ने पागल बना रखा है। यह कौटिल्य के अर्थशास्त्र की सोची-समझी और सधी हुई चाल है। ऐसे वातावरण में, और जबकि यह भी पता हो कि कौटिल्य की दृष्टि के ब्राह्मणी लोग कबीर पन्थ में भी शुरू के दिन से ही घुस गए थे, यदि कबीर की आयु 300 वर्ष मानी गई है तो इसमें कुछ भी अजूबा नहीं है। अजूबा तब होगा यदि आज के समीक्षक लोग ऐसी बातों की सही व्याख्या न करें। फिर, यहाँ केवल एक कबीर की आयु निश्चित करने में इस सौ वर्ष की गुणा के सीधे पहाड़े की बात नहीं है। इस तथाकथित आर्य भूमि के इतिहासों और पुराणों में इस प्रकार के आसान गणित की भरमार मिलती है। पुराणों के ऋषि-मुनि देवताओं के वरदान पाने के लिए एक-एक पैर पर बारी-बारी से गिन कर हजार-हजार वर्ष की तपस्या करते हैं। राजाओं की वंशावलियाँ भी सीधे इसी गणित के हिसाब से तय कर दी जाती हैं। सृष्टि के और ऊँचे गणित में सीधे लाख से गुणा कर दी जाती है। खास बात यह है कि ऐसी गणनाओं में एक दिन का भी अन्तर नहीं आने दिया जाता। इसी सरल गणना में इसकी पौराणिकता और इसका झूठापन सिद्ध हो जाता है जिसका लाभ कौटिल्य ने अपने छल के लिए उठाया है।

अब यह देखा जाए कि वे कौन-कौन सी बातें हैं जिनकी व्याख्या कबीर का निधन संवत् 1505 में मानने से नहीं होतीं। वे कुल मिला कर तीन बातें हैं—

1. नानक की उनके 27वें वर्ष में संवत् 1553 में कबीर से भेंट सम्भव नहीं रह जाती।
2. सिकन्दर लोदी का काशी में आ कर संवत् 1551 में कबीर से धार्मिक टकराव नहीं हो पाता।
3. संवत् 1549, 1569 और 1575 इतिहास में पहेलियाँ सी रह जाती हैं।

जहाँ तक नानक की कबीर से भेंट की बात है, उसमें दूसरी सम्भावना यह भी है कि नानक अपनी उम्र के 27वें वर्ष में कबीर से नहीं बल्कि एक बार स्नान करते समय किसी नदी के किनारे किसी एक संत से उन की भेंट हुई थी जिनसे वे

---

18. सन्त कबीर, डॉ. रामकुमार वर्मा, साहित्य भवन लिमिटेड, इलाहाबाद, प्रथम बार, 1943, राग आसा-15, पृ.-105

बहुत प्रभावित हुए थे।[19] अनुमान यह भी लगाया जाता है कि जब नानक 15-16 साल की उम्र में अपने पिता की आज्ञा से भाई बाला के साथ व्यापार करने निकले थे, उस समय लाहौर के मार्ग में जो भूखे साधुओं का अखाड़ा चोखाना के पास मिला था, वह कबीर पंथियों का ही रहा होगा तथा ये लोग उन दिनों अपने मत के प्रचारार्थ दूर-दूर तक फैल गए होंगे। इस प्रकार, अप्रत्यक्ष रूप से कबीर के सिद्धान्तों द्वारा नानक का प्रभावित हो जाना कोई असम्भव बात नहीं[20] रह जाती है। सिकन्दर लोदी वाली बात इस ढंग से समझी जा सकती है कि उनके काशी में आगमन के समय किसी कबीर पंथी धर्मगुरु से उनका टकराव हुआ होगा। संवत् 1549, 1569 और 1575 में अन्य कबीर पन्थी धर्म गुरुओं के निधन माने जा सकते हैं।

अब कबीर के जन्म का वर्ष सिद्ध करने की बात शेष रह जाती है। वास्तव में, कबीर के विद्यार्थी के लिए यह काम बहुत कठिन है। इसमें आने वाली कठिनाई पहले ही बताई जा चुकी है लेकिन फिर भी कोशिश करने में कोई हर्ज नहीं है। शर्त केवल यह है कि इसे तय करने में बहुत जिम्मेदारी का परिचय दिया जाना चाहिए।

कबीर के जन्म के बारे में जो छन्द उपलब्ध हैं उनमें से एक के अनुसार उनका जन्म संवत् 1455 में माना गया है। क्या इसे सही मान लिया जाए ? यदि इसे सही माना जाता है तो फिर कबीर की कुल आयु 50 वर्ष की ठहरती है। क्या यह मान लिया जाए कि कबीर की आयु 50 वर्ष की थी ? पहले इसे मानने की सम्भावनाएँ देख ली जाएँ। क्या ऐसे महापुरुष के लिए इतना बड़ा काम करने के लिए 50 वर्ष की आयु कम पड़ती है ? क्या संसार के कुछ अन्य महापुरुषों ने इतनी उम्र में बहुत बड़े काम नहीं कर दिखाए हैं ? इस देश में शंकराचार्य और विवेकानन्द इसके प्रमाण हैं कि उन्होंने क्रमशः कुल 33 और 39 वर्ष की उम्र पा कर बहुत काम कर दिखाए थे। विदेशों में भी ईसा आदि के नाम गिनाए जा सकते हैं। दूसरी बात यह है कि संवत् 1455 में कबीर का जन्म क्यों न माना जाए ? कारण यह है कि जिस पुस्तक में कबीर का जन्म संवत् 1455 माना गया है उसी में उनका निधन वर्ष संवत् 1575 माना गया है। इससे कबीर की आयु 120 वर्ष ठहरती है। पहले बताया जा चुका है कि कबीर की आयु 120 वर्ष मानना सम्भावनाओं के बजाय अतिशयोक्ति पर जाना हो जाएगा। फिर, इस पुस्तक में जन्म को आधार वर्ष मान कर और उस में 120 वर्ष जोड़ कर उनके निधन वर्ष की कल्पना की गई है। इस छन्द में अटकलबाजी इसलिए भी दीखती है क्योंकि जन्म का दिन सीधे-सीधे जेठ की पूर्णमासी मान लिया

---

19. कौटिलीयम् अर्थशास्त्रम्, हिन्दी व्याख्याकार वाचस्पति गैरोला, चौखम्बा विद्या भवन, चौक, पो.बा. नं. 69, बाराणसी-221001, तृतीय संस्करण, 1984, पृ.-709
20. कबीर साहित्य की परख, परशुराम चतुर्वेदी, भारती भंडार, लीडर प्रेस, इलाहाबाद, प्रथम संस्करण, संवत्, 2011, पृ.-271

गया है। तय करने वाले को कल्पना के कुछ ज्यादा घोड़े दौड़ाने नहीं पड़े पर यदि ऐसा है तो फिर इस संवत् 1455 का क्या किया जाए ? पहली बात, इसका कुछ भी न किया जाए और इसे छोड़ दिया जाए। दूसरी बात, इसे किसी अन्य साधु की जन्म तिथि माना जा सकता है। तीसरी बात, इसका कबीर की जन्म तिथि के निर्धारण में लाभ उठाया जा सकता है। अगली बात, संवत् 1455 को कबीर का ज्ञान प्राप्ति का वर्ष माना जा सकता है। इस प्रकार ज्ञान प्राप्ति के समय कबीर की आयु 30 वर्ष की होने पर उनकी कुल आयु 80 वर्ष की ठहरती है। कोई कारण नहीं है कि कबीर की आयु 80 वर्ष से अधिक की हो। यह असम्भव नहीं है—बुद्ध की भी यही आयु रही थी। इस गणित के हिसाब से कबीर का जन्म संवत् 1425 के लगभग बैठता है। डॉ. मोहन सिंह ने इसे संवत् 1417 तक माना है जहाँ तक जाने में कोई कठिनाई नहीं है। डॉ. पीताम्बर दत्त बड़थ्वाल ने कबीर की आयु 78 वर्ष की मान कर उनका जन्म वर्ष संवत् 1427 माना है।[21]

21. हिन्दी काव्य में निर्गुण सम्प्रदाय, लेखक डॉ. पीताम्बर दत्त बड़थ्वाल, अनुवाद परशुराम चतुर्वेदी, अवध पब्लिशिंग हाउस, पान दरीबा, लखनऊ, संवत् 2007, पृ.-55

अध्याय–2

अयोध्या सिंह उपाध्याय 'हरिऔध' का पहला आक्रमण

अयोध्या सिंह उपाध्याय हरिऔध ने कबीर पर एक पुस्तक 'कबीर वचनावली' लिखी थी। इसका पहला प्रकाशन सन् 1916 में नागरी प्रचारिणी सभा, काशी द्वारा हुआ था। उपाध्याय जी ने इसमें उस समय तक उपलब्ध और कबीर की कही जाने वाली पुस्तकों में से एक संग्रह तैयार किया था। इस संग्रह के पहले खंड में 781 दोहे और दूसरे खंड में 228 शब्द थे। महत्त्वपूर्ण बात यह थी कि उपाध्याय जी ने इसके आरम्भ में 90 पृष्ठों का एक मुखबन्ध भी लिखा था। यह मुखबन्ध हिन्दी में कबीर के आधुनिक अध्ययन की शुरुआत का है। यह बहुत चतुराई से लिखी गई किताब है। लेकिन फिर भी उपाध्याय जी की चतुराई उजागर की जा सकती है। इस पुस्तक में कबीर की दृष्टि को हिन्दू धर्म से अलग मानते हुए भी उसे हिन्दू धर्म में खपाने की कोशिश की गई है। इस खपाने की कोशिश में उन्होंने कहीं-कहीं कबीर की प्रशंसा की है लेकिन ज्यादातर कबीर की निन्दा की है। पर क्या हिन्दू लेखकों का यह रवैया ठीक है कि वे कबीर को हिन्दू सिद्ध करने में कबीर का अपमान करने का अधिकार भी अपने हाथ में ले लें ? वास्तव में वे किसी ऐतिहासिक मजबूरी में और आधे दिल से कबीर को स्वीकार करना चाहते हैं। कबीर के प्रति उनका पूर्ण समर्थन नहीं होता। इसलिए वे अपनी बात को साफ-साफ दो टूक शब्दों में नहीं कह पाते। 'कबीर वचनावली' में यही परेशानी उपाध्याय हरिऔध के सामने आती है। वे सब कुछ जान कर अनजान बनना चाहते हैं। सबसे मजेदार बात यह है कि अयोध्या सिंह उपाध्याय ने इस पुस्तक का दूसरा शीर्षक 'कबीर साहब के उत्तमोत्तम भजनों और साखियों का संग्रह' रख कर खुद को इसका संग्रहकर्ता कहा है। नागरी प्रचारिणी सभा, काशी ने भी इस पुस्तक को अपनी 'मनोरंजन पुस्तक माला' सीरीज के अन्तर्गत छापा था। उस सीरीज की यह 12वीं पुस्तक थी। इससे यह जाहिर होता है कि अंग्रेज विद्वानों ने कबीर के अध्ययन की जो धार्मिक और गंभीर खोज करनी चाही थी, काशी नागरी प्रचारिणी सभा उसे केवल मनोरंजन की चीज मान कर उड़ा देना चाहती थी।

हरिऔध जी कबीर पन्थ के बारे में लिखते हैं–"1901 की जनसंख्या की रिपोर्ट में कबीर पंथियों की संख्या 8,43,171 लिखी गई है।–इनमें अधिकांश नीच जाति के हिन्दू हैं, उच्च वंश के हिन्दू नाम मात्र हैं। गुरु भी इस पन्थ के अधिकांश नीच वर्ण के ही हैं। त्यागी और गृहस्थ इनमें भी हैं, पर गृहस्थों की संख्या अधिक है। ये सब हिन्दू धर्म के ही शासन में हैं, और उसी की रीति और पद्धति को बर्तते हैं, केवल धार्मिक सिद्धान्तों में कबीर पंथ का अनुसरण करते हैं, यहाँ तक कि अनेक ऐसे हैं जो हिन्दू देवी-देवताओं तक को पूजते हैं। त्यागी निस्संदेह अपने को हिन्दू धर्म के सिद्धांतों से अलग रखते हैं, और वे हिन्दू धर्म के क्रिया-कलाप में नहीं फँसना चाहते, किन्तु यतः उनका यह संस्कार बना है कि वे हिन्दू हैं, इसलिए वे अनेक अवसरों पर हिन्दू क्रिया-कलाप में फंसे भी दृष्टिगत होते हैं। परन्तु यह सच है कि कबीर पंथी साधु हिन्दू समाज से एक प्रकार पृथक् से रहते हैं, उसमें उनकी यथेष्ट प्रतिपत्ति नहीं। इनका अपर हिन्दू धर्म सम्प्रदायों से कुछ वैमनस्य और द्वेष सा रहता है।"[1]

इस उद्धरण से यह पता चलता है कि हरिऔध जी कबीर पन्थ के साथ कोई छल करना चाहते हैं। जब उन्हें एक बार यह मालूम हो गया है कि कबीर पन्थी साधु हिन्दू समाज से कुछ वैमनस्य और द्वेष सा रखते हैं तो फिर उन्हें यह कहने की कोशिश नहीं करनी चाहिए कि वे अनेक अवसरों पर हिन्दू क्रिया-कलाप में फँसे भी नजर आते हैं। यहाँ हरिऔध कबीर पन्थियों को हिन्दू धर्म की उस चाल में फँसाना चाहते हैं जिसकी वजह से आज तक हिन्दू धर्म की कोई परिभाषा नहीं बन पाई है। हिन्दू धर्म की एक निश्चित परिभाषा न बनने देने में ही इन हिन्दू लेखकों का लाभ है। वास्तव में हिन्दू धर्म की सही परिभाषा बनने में कोई देर नहीं है यदि केवल द्विजों को ही हिन्दू कहा जाए। पर चूँकि इसमें शूद्रों और अन्त्यजों को भी मिलाए रखा जाता है इसलिए इसकी एक सम्यक् परिभाषा बनने में कठिनाई पेश आती है। जब दो धर्मों को या दो धर्मों की सम्भावनाओं को एक साथ अनगढ़ ढेर की तरह रखा जाएगा तो यह मुश्किल जरूर सामने आएगी। चूँकि हिन्दू धर्म में सामाजिक, नैतिक और आध्यात्मिक दृष्टि से दो धर्म अलग-अलग दीखते हैं–इसलिए यदि उन्हें अलग-अलग मान्यताएँ दे दी जाएँ तो फिर दो अलग- अलग परिभाषाएँ मिल जाएँगी। विश्लेषण करते समय दो परिभाषाओं को एक साथ जोड़ने का प्रयत्न और न जुड़ने पर यह कह देना कि परिभाषा संभव नहीं है, विद्वानों की ईमानदारी पर शक करने वाली बात हो जाती है। हिन्दू धर्म की परिभाषा न बनने देने में द्विजों को लाभ है और गैर-द्विजों को नुकसान। द्विजों को मालूम है कि यदि

---

1. कबीर वचनावली, अयोध्या सिंह उपाध्याय हरिऔध, नागरी प्रचारिणी सभा, काशी, 11वां संस्करण, संवत् 2015, पृ.-37

हिन्दू धर्म को उनका ही कहा गया तो गैर-द्विज उनसे अलग गिनती में आ जाएंगे। अलग गिनती में गैर-द्विजों का अलग धर्म भी बन सकता है या वे किसी दूसरे धर्म में भी जा सकते हैं। इसलिए नीति की दृष्टि से द्विजों ने यह सोचा कि जब धर्म ग्रन्थों, मन्दिरों, पुजारियों और पुरोहितों की दृष्टि से यथार्थ में हिन्दू धर्म मात्र उन्हीं का है तो ऐसी बात परिभाषा में ला कर लिखने से क्या लाभ जब गैर-द्विज उनकी गिनती से फालतू में निकल जाएँगे।

अयोध्या सिंह उपाध्याय हिन्दू धर्म की इसी परिभाषाहीनता का लाभ उठा कर कबीर पन्थ के अध्ययन में अपनी योजना बताते हुए लिखते हैं—"पहले मैं यह देखूँगा कि कबीर पंथ वैष्णव धर्म की एक शाखा मात्र है और उसी की विचार परम्परा और विशाल हिन्दू धर्म के सिद्धान्त उसमें ओतप्रोत हैं, या क्या ? तदुपरान्त मुसलमान धर्म के प्रभाव की भी मीमांसा करूँगा ?"[2] यह इस हिन्दू लेखक का कबीर पन्थ के बारे में आरम्भिक दृष्टिकोण है जो उसे तथ्यों की खींचतान और तोड़-मरोड़ करके हर हालत में अन्तिम रूप से सिद्ध करना है। ये कबीर पंथ को मूल रूप में वैष्णव धर्म की एक शाखा मात्र मानना चाहते हैं तथा बाद में उस पर मुसलमान धर्म का केवल थोड़ा बहुत प्रभाव मानना चाहते हैं। यह गणित का वह सवाल है जिसमें उत्तर पहले ही जान लिया गया है।

अयोध्या सिंह उपाध्याय को अपने निष्कर्ष निकालने की बड़ी जल्दी पड़ी थी। उन्होंने अपनी परिकल्पना में तीसरे पृष्ठ पर 'इसलिए' और 'अतएव' कह कर निष्कर्ष निकाल दिए :

> "इसलिए जिस प्रभु की कल्पना कबीर साहब ने की है, वह वैष्णव परम्परा ही से प्रसूत है, वह वैष्णव धर्म के एकेश्वरवाद का रूपान्तर मात्र है।"[3]

> "अतएव कबीर साहब के सब सिद्धान्त लगभग वे ही पाए गए जो वैष्णव धर्म के है।"[4]

हरिऔध जी का कबीर के दर्शन के बारे में यह निचोड़ तब है जब वे अच्छी तरह से जानते हैं कि कबीर ने अवतारवाद, देववाद, वर्णाश्रम धर्म, मूर्तिपूजा, कर्मकाण्ड, व्रत-उपवास और तीर्थयात्रा का जम कर खंडन किया है। कबीर ने इन धार्मिक बातों का विरोध करने में किसी सन्देह की गुंजाइश नहीं छोड़ी। यदि कबीर तब भी वैष्णव धर्म के हैं तो क्या हरिऔध जी का कोई भी रामानन्दी वैष्णव इन बातों में से किसी एक बात का भी कबीर की तरह खंडन कर सकता है ? वास्तविक खंडन की बात

2. वही, पृ.-49
3. वही, पृ.-52
4. वही, पृ.-53

तो अलग, क्या कोई वैष्णव ऐसे खंडन की अपने मन में कल्पना भी कर सकता है ?

लेकिन हरिऔध जी के पास इन प्रश्नों का उत्तर है। वे अपने पक्ष में प्रोफेसर वी.बी. राय का मत उद्धृत करते हैं–"कबीर साहब की शिक्षा में दो बातें ऐसी हैं जिनका वैष्णव धर्म से कोई सम्बन्ध नहीं, वरन उनकी यह शिक्षा उस धर्म के प्रतिकूल है। ये दोनों बातें अवतारवाद और मूर्तिपूजा की प्रतिकूलता हैं।–मेरा विचार यह है कि उनका यह संस्कार मुसलमान धर्म-मूलक है। वैदिक काल से उपनिषद और दार्शनिक काल पर्यन्त आर्य धर्म में भी कहीं अवतारवाद और मूर्ति पूजा का पता नहीं चलता, पौराणिक काल में ही इन दोनों बातों की नींव पड़ी है। अतएव यदि ऊँचे उठा जाए तो कहा जा सकता है कि कबीर साहब ने प्राचीन आर्य धर्म का अवलम्बन करके ही अवतारवाद और मूर्तिपूजा का विरोध किया है, किन्तु यह काम स्वामी दयानन्द सरस्वती का था, कबीर साहब का नहीं। अपठित होने के कारण उनको वेदों और उपनिषदों की शिक्षाओं का ज्ञान न था, इसीलिए इतनी दूर पहुँचना उनका काम न था।"[5]

यह उद्धरण कबीर के दर्शन के साथ पूरा धोखा है। इसमें कबीर को किसी लायक नहीं रहने दिया गया है। उल्टे, उनके मौलिक चिन्तन पर प्रश्न-चिह्न खड़ा कर दिया गया है। हरिऔध और प्रोफेसर वी.बी.राय के कहने का मतलब यह है कि कबीर ने अवतारवाद और मूर्ति पूजा का विरोध करके चिन्तन के क्षेत्र में कोई नई तोप नहीं चला दी थी। उनके अनुसार, कबीर से पहले यह काम वेद और उपनिषद कर चुके थे जिनकी तुलना में कबीर धूल के बराबर भी नहीं हैं। उन्होंने अकारण और अनावश्यक रूप से दयानन्द को कबीर से बड़ा भी माना है तथा कबीर को वेदों और उपनिषदों की दूरी तक पहुँचने में अयोग्य भी ठहराया है। यह सभ्य कहे जाने वाले विद्वानों की कबीर के सामने हठधर्मिता है। जब कबीर ऐसे विद्वानों को खरीखरी नसीहतें देते हैं तो फिर इनके कानों पर जोर पड़ता है।

जब हरिऔध जी कबीर के दर्शन की वैष्णव व्याख्या करने में पूर्ण रूप से असमर्थ हो जाते हैं तो वे यह लिख कर सन्तोष कर लेते हैं–"स्वामी रामानन्द का सत्संग लाभ करने पर भी उन (कबीर) के कुछ पूर्व (मुस्लिम) संस्कारों का न बदलना आश्चर्यजनक नहीं। जो संस्कार हृदय में बद्ध मूल हो जाते हैं वे जीवन पर्यन्त साथ नहीं छोड़ते। अवतारवाद और मूर्तिपूजा का विरोध आदि कबीर साहब के कुछ ऐसे ही संस्कार हैं। स्वामी रामानन्द की यह महत्ता अल्प नहीं है कि उन्होंने कबीर साहब के अधिकांश विचारों पर वैष्णव धर्म का रंग चढ़ा दिया।"[6] जब हरिऔध जी को खुद अपना सन्तोष नहीं मिला तो अन्त में उन्होंने यह लिख मारा–"मेरा विचार है कि

---

5. वही, पृ.-53-4
6. वही, पृ.-54

कबीर साहब अन्त में वेदान्त धर्मावलम्बी हो गए थे।''[7]

लेकिन यदि कबीर की सन्तान हरिऔध जी की इन व्याख्याओं को न माने तो भी उन्होंने हिम्मत नहीं हारी है। उन्होंने कबीर के बेटे-पोतों के सामने 'मान न मान मैं तेरा मेहमान'' वाला तर्क का अन्तिम ब्रह्मास्त्र चला दिया है। वे अपनी इसी पुस्तक में लिखते हैं—''कबीर साहब चाहे वैष्णव हों या चाहे वेदान्ती, चाहे सन्त मत के हों चाहे अपने को कुछ और बतलावें, किन्तु वे भी उसी (वैदिक अर्थात हिन्दू) धर्म के ऋणी हैं, और उसी के आलोक से उन्होंने अपना प्रदीप प्रज्चलित किया''[8] था। दुःख की बात यह है कि ऐसा कहते समय हरिऔध जी को बौद्धिक संकोच भी नहीं हुआ है। उन्हें कम से कम यह सोच कर ठिठक जाना चाहिए था कि वे कबीर के सामने उस हिन्दू धर्म की प्रशंसा कर रहे हैं जिसने कबीर को अछूत के रूप में पैदा किया था। वास्तव, में यदि कबीर हिन्दू धर्म के किसी रूप में ऋणी हैं तो जाति जुलाहे के रूप में ऋणी हैं जिसके कारण रामानन्द ने उन्हें अपना शिष्य तक नहीं बनाया था। यदि कबीर जीवन भर किसी से लड़े हैं तो हिन्दू धर्म की देन इसी अस्पृश्यता के दैत्य से लड़े हैं। ऐसी स्थिति में भी यदि हरिऔध जी कबीर को हिन्दू कहते हैं तो वह बात जानबूझ कर बरगलाने वाली लगती है।

अयोध्या सिंह उपाध्याय का उद्देश्य दोहरा है। पहले वे कबीर को हिन्दू और वैष्णव धर्म का सिद्ध करना चाहते हैं, दूसरे यह कहना चाहते हैं कि कबीर का स्थान हिन्दू धर्म के चिन्तकों के बीच पासंग भी नहीं है। न वे कबीर को हिन्दू धर्म से बाहर होने देना चाहते हैं और न हिन्दू धर्म में उनकी कोई इज्जत रखना चाहते हैं। वे कबीर को हिन्दू धर्म का सिद्ध करने के बाद उनकी आलोचना करते हुए लिखते हैं—''कबीर साहब ने बड़े गर्व और आवेश से स्थान-स्थान पर यह कहा है कि हमारे वचन से ही मानव का उद्धार हो सकता है, हमारे शब्द ही लोगों को मुक्त करेंगे। किन्तु जो कुछ वेदशास्त्र या कुरान में है, उससे उन्होंने अधिक क्या कहा ? कौन सी नई बात बतलाई ? वे केवल आध्यात्मिक शिक्षक हैं, किन्तु क्या इस पथ में भी वे उतने ही ऊँचे उठे हैं जितने कि उपनिषद और दर्शनकार उठ सकें ?''[9]

हरिऔध जी के इस कथन से लगता है कि वे कबीर पर अपनी इतनी बड़ी किताब तैयार करके भी कबीर की बात नहीं समझ पाए हैं। कबीर की इस आलोचना में उन्हें यह मालूम नहीं कि कबीर का सम्बोधन किन लोगों से है और वे अपनी बात किन लोगों को समझा रहे हैं। यह लिखने से पहले उन्हें ज्ञात होना चाहिए

---

7. वही, पृ.-85
8. वही, पृ.-86
9. वही, पृ.-62

था कि कबीर न मुल्ला को कुछ समझाते हैं और न ब्राह्मण से कोई आशा लगाए बैठे हैं। कबीर का अपना एक अलग समाज है—इसे कबीर का 'लक्ष्य समाज' कहा जा सकता है। इस लक्ष्य समाज में इस देश के शूद्र और अन्त्यज शुमार होते हैं। ये लोग यहाँ के अर्थशास्त्र में मजदूर और छोटे किसान बने हुए हैं। कबीर को केवल इनके भले की सोचनी है। यह बात सच है कि ब्राह्मण का भला वेद से होता है और मुल्ला का भला कुरान से होता है लेकिन कबीर का पक्ष यह था कि दलितों का भला कौन करेगा ? क्या हरिऔध जी यह बात अच्छी तरह नहीं जानते थे कि हिन्दू शास्त्रों के द्वारा कबीर के लक्ष्य समाज का भला नहीं हो सकता ? चार वेद रख दिए जाएँ, उनके ऊपर भाष्यों समेत छह शास्त्र रख दिए जाएँ, उनके ऊपर एक सौ आठ उपनिषद जमा दिए जाएँ, उनके ऊपर बीस स्मृतियाँ रख दी जाएँ, उनके ऊपर मोटे-मोटे बहत्तर पुराण रख दिए जाएँ, और सबके ऊपर गीता समेत भारी भरकम दोनों महाकाव्य रख दिए जाएँ—तो भी क्या इन गाड़ी भरे ग्रन्थों के अम्बार कबीर के लक्ष्य समाज का कोई भला कर पाएँगे ? षड दर्शनकार आध्यात्मिक साधना में कबीर से कितने भी बढ़े-चढ़े हों और चाहे कबीर उपनिषदकारों की पूँछ के बाल के बराबर भी न हों, पर कबीर के दलित समाज को उपनिषदों और दर्शनकारों की खजूर के पेड़ की तरह की ऊँचाइयों का क्या लाभ है ? वे उनके जीवन के किस मर्ज की दवा हैं जो उन्हें सम्मान की जिन्दगी नहीं दिलवा सकतीं ? कुरान इस देश में बाहर से आई हुई पुस्तक थी—उसके मतावलम्बी यहाँ राज-सत्ता को भोगने में तल्लीन थे। हिन्दुओं और मुसलमानों में से दलित समाज की फिक्र किसे थी ? हिन्दुओं के धर्म शास्त्रों में शूद्रों के लिए सान्त्वना कहाँ लिखी थी ? तभी कबीर इस बात को इतनी दृढ़ता से और इतनी बार कह कर गए हैं कि दलितों का भला वेदों और उपनिषदों से नहीं हो सकता। जिन शास्त्रों ने शूद्रों और अन्त्यजों को नीचे गिराया हो वे उनका भला कैसे करेंगे ? शूद्र और अछूत हिन्दू धर्म शास्त्रों की योजनाबद्ध उपज हैं—यह जान कर भी यदि दलित समाज उन्हीं धर्म शास्त्रों से अपने कल्याण की उम्मीद रखें तो यह बात उनकी नासमझी की होगी। पर चूँकि कबीर अपने युग के महानतम समझदार व्यक्ति थे इसलिए उन्होंने अपने श्रमिक समुदाय को वेदों और वेदों की पुत्री स्मृतियों के फंदों से बाहर निकालना चाहा था। कबीर ने यह जरूर सोचा था कि यदि उपनिषदों और शास्त्रों के माध्यम से उनके मेहनतकशों के वर्ग का भला हो सकता था तो इसे किसने रोका था ? वेद के मतावलम्बी लोग हिन्दुस्तान में खुद हरिऔध जी के समय में उनकी मान्य गणना के अनुसार बीस करोड़ थे—फिर बीसवीं शताब्दी में कबीर के शिष्य डॉ. अम्बेडकर का सारा जीवन वेद मतावलम्बियों से संघर्ष करने में क्यों बीत गया ? वेद और उपनिषद की पवित्रता के रहते हुए इस देश में मनुष्य अछूत और चाण्डाल क्यों माने गए हैं ? अवतारवाद को ले कर कबीर की सामाजिक वेदना बिल्कुल सही रूप में उभर कर सामने आती है जब वे कहते हैं—

"दस अवतार निरंजन कहिए सो अपना न कोई।"[10] इन अवतारों ने ब्राह्मणों के कल्याण के लिए भले ही अवतार लिया हो लेकिन शूद्रों के उद्धार के लिए इनमें से एक भी सामने नहीं आया। हिन्दुओं का यह विष्णु जल में कच्छ और मच्छ तो बनता फिरा है, धरती पर सूअर बन कर तो विष्ठा खाता फिरा है, लेकिन एक बार भी उसने चाण्डाल के घर में जल ले कर उसे पवित्र नहीं किया। वह ग्राह के मुख से हाथी की जान बचाने के लिए जल में दौड़ पड़ा था लेकिन अछूत के सिर पर ब्राह्मणी अस्पृश्यता के कलंक को मिटाने की सुध उसे आज तक भी नहीं आई। वह जीव-जन्तुओं की छोटी-छोटी मूक पुकारों को सुन कर जन्म धारण कर लेता है लेकिन हजारों साल से करोड़ों अछूतों की चीख-पुकार को सुन कर भी अनसुनी कर देता है और क्षीर सागर में लक्ष्मी के साथ रमण करता हुआ सोया पड़ा रहता है। उसे इनकी कोई फिक्र नहीं है—मानो ये उसकी अपनी सन्तान न हों।

हरिऔध जी ने अपनी इस किताब में एक अच्छा सवाल यह उठाया है कि क्या कबीर अनपढ़ थे ? उन्होंने लिखा है—"किसी-किसी का विचार है कि कबीर साहब अपठित थे, उन्होंने वेदशास्त्र उपनिषदों को पढ़ा नहीं, कुरान के विषय में भी वे ऐसे ही अनभिज्ञ रहे, इसलिए उन्होंने इन ग्रन्थों के मानने वालों के आचार-व्यवहार को जैसा देखा, वैसे ही उनके विषय में अनुमति प्रकट की। किन्तु मैं इस विचार से सहमत नहीं हूँ। कबीर साहब चिन्ताशील पुरुष थे। वह यह भी समझ सकते थे कि सब मतों के सर्वसाधारण और महान एवं मान्य पुरुषों के आचार-व्यवहार में अन्तर हुआ करता है। उनके नेत्र के सामने ही उसी समय में हिन्दुओं में स्वामी रामानन्द और मुसलमानों में शेख तकी जैसे महापुरुष मौजूद थे। फिर यह कैसे स्वीकार किया जा सकता है कि उन्होंने उक्त धर्म ग्रन्थों के मानने वालों के आधार पर ही उन ग्रन्थों के प्रतिकूल लिखा। मेरा विचार यह है कि उन्होंने एक नवीन धर्म स्थापन की लालसा से ही ऐसा किया।"[11]

यहाँ हरिऔध जी आधी बात सही कह रहे हैं और आधी बात गलत कह रहे हैं। गलत बात यह है कि उन्होंने सब मतों के सर्व साधारण और मान्य महापुरुषों के आचार-व्यवहार में अन्तर का होना जरूरी मान लिया है। यह एकदम कपटपूर्ण बात है कि आचार-व्यवहार में एक ही धर्म में दो-दो बातें मानी जाएँ। धार्मिक और सामाजिक नैतिकता के क्षेत्र में से सामान्य और मान्य पुरुष का यह अन्तर समाप्त किया जाना चाहिए। इस अन्तर को स्वीकार करने से जीवन के प्रत्येक क्षेत्र में शोषण को मान्यता मिल जाती है। यह मनुष्यों में ब्राह्मण और शूद्र का अन्तर

---

10. कबीर, जीवन और दर्शन, उर्वशी सूरती, लोक भारती प्रकाशन, 15 ए, महात्मा गांधी मार्ग, इलाहाबाद-1, प्रथम संस्करण, 1980, पृ.-188

11. कबीर वचनावली, अयोध्या सिंह उपाध्याय हरिऔध, पृ.-63-4

समाज के लिए हितकारी दृष्टिकोण नहीं है। इससे सर्वत्र अराजकता फैल जाती है। भाषा के क्षेत्र में राजभाषा और जनभाषा में भेद बढ़ता चला जाता है, राजनीति के क्षेत्र में यह अन्तर मताधिकार और गैर-मताधिकार की बुराई के रूप में सामने आता है, और कानून के क्षेत्र में यही अन्तर खतरनाक बन कर समाज के कुछ विशिष्ट लोगों को सात खून माफ करने की इजाजत देता है। लेकिन हरिऔध जी की दूसरी बात पर आया जाए तो ज्यादा सही है। कबीर साहित्य को पढ़ कर उन्होंने एक मार्के की बात यह कही है कि कबीर सोच समझ कर एक नए धर्म की स्थापना करनी चाहते थे।

यह कोई बुरी बात नहीं कही जा सकती कि कबीर एक नया धर्म चलाना चाहते थे। यह प्रत्येक व्यक्ति का मानव सिद्ध अधिकार है कि वह अपनी तमाम सम्भावनाओं को अभिव्यक्ति दे। फिर उस युग में नए धर्म की आवश्यकता की यह उथल-पुथल कोई छोटी-मोटी बात नहीं थी। कबीर ने इसे सबसे पहले समझा पर नए धर्म की खोज उनके बाद तक भी जारी रही थी। खुद अकबर ने दीन-ए-इलाही का नया धर्म चलाना चाहा था। लेकिन बाद में इस खोज ने सिख धर्म ने रूप में अपना आकार ग्रहण किया। यह हिन्दू और इस्लाम के दोनों धर्मों से अलग, नया और गिनती में तीसरा था। यह बात भी सही है कि इस तीसरे नए धर्म में कबीर की वाणी को एक प्रमुख स्थान मिला है। यह बात दूसरी है कि कबीर के बालकों का मकसद उस धर्म से पूरा नहीं हुआ। कबीर खुद अपने जैसे श्रमिकों और कारीगरों का धर्म खड़ा करना चाहते थे। वे अपने धर्म के नेतृत्व में गैर-श्रमिकों की संभावना तक को मिटाना चाहते थे। लेकिन सिख धर्म की स्थापना में कबीर की दृष्टि की वह सावधानी पूरी तरह नहीं रखी गई। फलतः, वह भी गैर-श्रमिकों के नेतृत्व में चला गया। इसमें एक तरह से बौद्ध धर्म के इतिहास की पुनरावृत्ति हुई है। बौद्ध धर्म तो अन्त में पूरी तरह ब्राह्मणी विद्वानों के हाथ में चला गया था। इस बार कबीर सौ प्रतिशत शूद्रों और अन्त्यजों का धर्म स्थापित करना चाहते थे।

हरिऔध जी ने नए धर्म को खड़े करने में कबीर द्वारा अपनाई गई रणनीति का भी विश्लेषण करना चाहा है। वे लिखते हैं—"कबीर साहब ने एक ऐसे धर्म की नींव डालनी चाही जिसे दोनों धर्मों के लोग असंकुचित भाव से स्वीकार कर सकें। ऐसा करने के लिए उनको दो बातों की आवश्यकता दिखलाई पड़ी।

> एक तो इस बात की कि सब लोग उनको एक बहुत बड़ा अवतार या पैगम्बर समझें जिससे उनकी बातों का उन पर प्रभाव पड़े।
>
> दूसरे इस बात की कि वे उन धर्म पुस्तकों, धर्म नेताओं और धर्म याजकों की ओर से उन लोगों के हृदय में अश्रद्धा, अविश्वास और घृणा उत्पन्न करें जिनके शासन में उस काल में वे लोग थे।"[12]

---

12. वही, पृ.-56

आगे इसका कारण बताते हुए वे लिखते हैं कि "बिना ऐसा हुए उनके उद्देश्य के सफल होने की सम्भावना नहीं थी।"[13] इसके बाद हरिऔध जी कबीर की इन दोनों रणनीतियों के उदाहरण पेश करते हुए उनकी असफलताओं का इतिहास बताते हैं। वे लिखते हैं—"यद्यपि उन्होंने एक महान् उद्देश्य की सिद्धि के लिए यह स्वतन्त्र पथ (अर्थात ऐसा पथ जो हिन्दू-मुसलमानों से अलग-अलग) ग्रहण किया किन्तु मेरा विचार है कि वह उनके महान् उद्देश्य के अनुकूल न था, जिसका प्रत्यक्ष प्रमाण यह है कि हिन्दू-मुसलमानों की विभेद सीमा आज भी वैसी ही अचल-अटल है।"[14]

कबीर को अपने मिशन में असफलता के लिए हरिऔध जी ने कबीर को ही जिम्मेदार और दोषी ठहराया है। उन्होंने इसके लिए कबीर की यह गलती बताई है कि एक तो कबीर में शालीनता नहीं थी और दूसरे वे असंगत बातें भी कहते थे। शालीनता के बारे में उन्होंने लिखा है—"विचार मर्यादापूर्ण, सहानुभूति मूलक और परिमित होने से ही समादृत होता है। वह विचार कभी कार्यकारी और सफल प्रसू नहीं होता जिसमें यथोचित शालीनता नहीं होती।"[15] दूसरे, वे बुराइयों और कदाचार को समाप्त करने के लिए कटूक्तियों के प्रहार की आवश्यकताओं को मानते हुए भी कबीर के बारे में लिखते हैं—"इसका यह अर्थ कदापि नहीं हो सकता कि बुराइयों और कदाचार के साथ भलाइयों और सदाचार की पीठ भी कषा प्रहार से क्षत-विक्षत कर दी जाए। संस्कार का अर्थ संहार नहीं है। जो क्षेत्र संस्कारक खेत की पासों के साथ अन्न के पौधों को भी उखाड़ देना चाहेगा वह संस्कारक नाम का अधिकारी नहीं।"[16] शायद, अभी भी बात साफ नहीं हुई है। हरिऔध उपाध्याय द्वारा किए गए कबीर के ये दोनों विरोध अमूर्त से लग सकते हैं। लेकिन आगे हरिऔध जी ने इन्हें अमूर्त नहीं रहने दिया है। वे इन्हें पूर्ण रूप से मूर्त बनाते हुए लिखते हैं कि कबीर को वेद और कुरान का विरोध नहीं करना चाहिए था—"वेद शास्त्र या कुरान में कुछ ऐसी बातें हो सकती हैं जो किसी समय के अनुकूल न हों, हिन्दू धर्म के नेताओं या मुसलमान धर्म के प्रचारकों के कई विचार ऐसे हो सकते हैं जो सब काल में ग्रहीत न हो सकें, किन्तु इससे यह नहीं कहा जा सकता कि वेद शास्त्र या कुरान में सत्य और उपकारक बातें नहीं हैं, और हिन्दू एवं मुसलमान धर्म के नेताओं ने जो कुछ कहा वह सब झूठ और अनर्गल कहा, लोगों को धोखे में डाला और उन्हें उन्मार्गगामी बनाया। वेद शास्त्र या कुरान को धर्म पुस्तक न समझा जाए, हिन्दू, मुसलमान धर्माचार्यों को अपना पथ-प्रदर्शक न बनाया जाए, इसमें कोई आपत्ति

13. वही, पृ.-56
14. वही, पृ.-60
15. वही, पृ.-60
16. वही, पृ.-61

नहीं, किन्तु उनके विषय में ऐसी बातें कहना जो अधिकांश में असंगत हों कदापि उचित नहीं।''[17]

यहाँ कुरान का नाम हरिऔध जी ने बड़ी होशियारी से लिया है। वेद के साथ कुरान का नाम लेने में हरिऔध जी की कबीर के साथ लड़ने की चतुराई भर है वरना उन्हें वेद के मुकाबले में कुरान से कुछ लेना-देना नहीं है। वे अपने दृष्टिकोण में कुरान वगैरह अन्य धर्मों की सभी पुस्तकों को वेद के अनुचर मानते हैं। वे बड़े गौरव से पूछते हैं कि जिस काल में संसार में केवल अज्ञान अन्धकार था, ज्ञान रवि की एक किरण भी नहीं फूटी थी, उस काल में 'सत्यं वद, धर्मं चर' आदि वाक्यों की मेघ गम्भीर ध्वनि कहाँ से हुई थी ?' वे अपने इस प्रश्न का स्वयं उत्तर देते हुए लिखते हैं—''यदि हमारा हृदय कलुषित नहीं है, यदि हममें सत्यप्रियता है, यदि हम न्याय और विवेक को पददलित नहीं करना चाहते तो हम मुक्त कंठ से कहेंगे पवित्र वेदों से।''[18] अपने इस उत्तर का काव्यात्मक गुणगान करते हुए वे आगे लिखते हैं—''आज इसी ध्वनि की प्रतिध्वनि संसार में हो रही है, आज इसी ध्वनि का मधुर स्वर सांसारिक समस्त धर्म ग्रन्थों में गूँज रहा है।''[19]

यह कबीर के बारे में हरिऔध जी की इति श्री नहीं है। वे इस प्रसंग में क्रोधित हो कर पूछते हैं—''यदि कोई शस्त्र के सहारे आत्मघात कर ले, तो क्या उससे शस्त्र की उपयोगिता अगृहीत हो जानी चाहिए ? यदि नहीं, तो वेदशास्त्र की निन्दा कर क्या अर्थ ? स्वाधीन चिन्ता का तो यह दुरुपयोग मात्र है।''[20] शायद हरिऔध जी का गुस्सा इतने से भी शान्त नहीं हुआ है, वे इससे भी आगे बढ़ कर लिखते हैं—''कदाचार और अपकर्म एक साधारण मनुष्य को भी निन्दित बना देते हैं। फिर धर्म याजकों और धर्म नेताओं को वे निन्दनीय क्यों न बनावेंगे ? उनके लिए कदाचारी और कुकर्मी होना और भी लज्जा की बात है क्योंकि जो प्रकाश फैलाने वाला है यदि वही अँधेरे में ठोकरें खा-खा कर गिरे तो वह दूसरों के लिए उजाला क्या करेगा ?''[21] यहाँ हरिऔध जी कबीर को गैर-शालीन, असंगत बात कहने वाले, कदाचारी, अपकर्मी, कुकर्मी और अँधेरे में ठोकरें खा-खा कर गिरने वाले के साथ-साथ आगे उन्हें क्रोधी भी सिद्ध कर रहे हैं—''बिना क्रोध हुए दुर्वचन मुख से निकलते नहीं, असंयत भाषण होता नहीं, किन्तु क्रोध करना महा पुरुषों का धर्म नहीं'' ।[22] लेकिन हरिऔध जी की अन्तिम संतुष्टि तब होती है जब वे कबीर को

---

17. वही, पृ.-61
18. वही, पृ.-62
19. वही, पृ.-62
20. वही, पृ.-67
21. वही, पृ.-67
22. वही, पृ.-69

उच्छ्रंखल भी सिद्ध करके हटते हैं। वे लिखते हैं–"धर्म ग्रन्थों को बुरा कहना, आडम्बरों की ओट में धर्म साधना की सुन्दर पद्धतियों को भी निन्दा करना स्वाधीन चिन्तन नहीं है।...उसका यह काम नहीं है कि उनको मटियामेट कर दे और उनके स्थान पर कोई उससे निम्न कोटि की पद्धति इत्यादि भी स्थापन न करके समाज को उच्छ्रंखल कर दें।"[23]

इस प्रकार देखा जा सकता है कि कबीर की बुराई करने में हरिऔध जी ने कोई कसर बाकी नहीं छोड़ी। मजे की बात यह है कि इन बुराइयों में वे कबीर की एक बात भी मानने को तैयार नहीं हैं। अपने वर्णाश्रम धर्म को शूद्र और ब्राह्मण के अन्तर से पूर्ण सुरक्षित रखते हुए वे उसकी प्रशंसा में लिखते हैं–"वैदिक धर्म में अधिकारी भेद है, इसलिए यह पात्र के अनुसार धर्म की व्यवस्था करता है।"[24] यहाँ याद दिलाया जा सकता है कि वैदिक धर्म का यह अधिकारी भेद वही है जिसके बारे में ब्रह्म सूत्र के अध्याय 1-1-33 से लेकर 1-1-39 तक के सूत्रों में कबीर के सम्बन्ध में बहुचर्चित रामानन्द समेत वेदान्त के सारे आचार्यों ने यह इति सिद्धम किया है कि शूद्र वेद के अध्ययन का अधिकारी नहीं है। यदि वह ऐसी कुचेष्टा करता है तो स्मृतियों के विधान लागू करके उसके कानों में गर्म शीशा डाला जाता है और उसकी जिह्वा काट ली जाती है।

हरिऔध जी जो लिखते हैं यह उनकी बात है। लेकिन इस समय उनसे दो प्रश्न पूछे जा सकते हैं :

1. कबीर अपने साहित्य में कहाँ शालीन नहीं हैं ?
2. क्या है जो कबीर के दर्शन में असंगत है ?

पहले प्रश्न के उत्तर में हरिऔध जी कहते हैं कि कबीर ने यह और ऐसी अन्य साखियाँ क्यों रच दीं :

सुरनर मुनिजन औलिया यह सब उरली तीर।
अलह राम की गम नहीं तहं घर किया कबीर॥[25]

हरिऔध जी की दृष्टि में इस प्रकार के वचनों में कबीर घमण्डी हो गए हैं। वे पूछते हैं कि कबीर देवताओं, मुनिजनों और औलियों से बड़े और परे कैसे हो गए हैं ? दूसरे प्रश्न के उत्तर में हरिऔध जी कहते हैं कि कबीर को ऐसा कहने का क्या अधिकार था :

23. वही, पृ.-70
24. वही, पृ.-71
25. वही, पृ.-57

1. ब्रह्मा विष्णु महेसर कहिए इन सिर लागी काई।
   इनहिं भरोसे मत कोई रहियो इनहूं मुक्ति न पाई।।[26]

2. चार वेद षट शास्त्रऊ और दस अष्ट पुरान।
   आशा दै जग बाधियां तीनों लोक भुलान।।[27]

3. जोग जज्ञ जप संयमा तीरथ व्रत दाना।
   नवधा वेद किताब है झूठे का बाना।।[28]

4. माया ते मन ऊपजै मन ते दस अवतार।
   ब्रह्मा विष्णु धोखे गए भरम परम्परा संसार।।[29]

हरिऔध उपाध्याय जी के इस कथन को कि कबीर अपनी इन रचनाओं में गैर-शालीन और असंगत हैं, थोड़ी गौर से देख लिया जाए। तुलना के लिए संस्कृत के प्राचीन शास्त्रों और स्मृतियों को उद्धृत न करके कबीर की इन उक्तियों के सामने उनके बाद के अवधी भाषा के कवि तुलसीदास की रचनाओं को रखा जा सकता है। इस मामले में कबीर से तुलसी की तुलना इसलिए भी ठीक रहेगी क्योंकि यह कहा जाता है कि तुलसी ने मर्यादा पुरुषोत्तम राम तथा राम कथा के अन्य पात्रों का आदर्श निर्माण किया है। पर क्या तुलसी के नीचे लिखे पद साहित्यिक भाषा में शालीन कहे जाएँगे ?

1. पूजिअ बिप्र सील गुन हीना,
   सूद्र न गुन गन ग्यान प्रवीना।
   सापत ताड़त परुष कहन्ता,
   बिप्र पूज्य अस गावहिं सन्ता।[30]

2. जे बरनाधम तेलि कुम्हारा,
   स्वपच किरात कोल कलवारा।
   ते विप्रन सन पाँव पुजावहि,
   उभय लोक निज हाथ नसावहिं।
   शूद्र द्विजहिं उपदेसहिं ज्ञाना,
   मेलि जनेऊ लोहें कुदाना।

---

26. वही, पृ.-58

27. वही, पृ.-58

28. वही, पृ.-57

29. वही, पृ.-58

30. कबीर साहित्य की प्रासंगिकता : सम्पादक विवेक दास, कबीर वाणी प्रकाशन केन्द्र, सतगुरु कबीर मन्दिर, कबीर चौरा मठ, वाराणसी-1, 1978, पृ.-153

बादहिं सूद्र द्विजन्ह सन, हम तुम्ह से कछु घाटि।
जानइ ब्रह्म सो विप्रवर, आँख देखावहि डाँटि॥

शूद्र करहिं जप तप ब्रत नाना,
बैठि बरासन कहहिं पुराना।[31]

3. नारि स्वभाव सत्य कबि कहई,
अवगुण आठ सदा उर रहई।
साहस अनृत चपलता माया,
भय अविवेक अशौच अदाया।[32]

4. ढोल गवार सूद्र पसु नारी,
सकल ताड़ना के अधिकारी।[33]

5. दुष्टौ धेनु दुहि सुनु भाई,
साधु रासभी दुही न जाई।[34]

6. कहहि सुनहि अस अधम नर, ग्रसे जे मोह पिसाच।
पाखण्डी हरिपद बिमुख जानहि झूठ न साँच।

अग्य अकोबिद अन्ध अभागी,
काई विषय मुकुर मन लागी।

लंपट कपटी कुटिल बिसेखी,
सपनेहु सन्त सभा नहिं देखी।

कहहिं ते वेद असम्मत बानी,
जिन्ह के सूझ लाभु नहिं हानि।

मुकुर मलिन अस नयन विहीना,
राम रूप देखहिं किमि दीना।

जिन्ह के अगुन न सगुन बिबेका,
जल्पहिं कल्पित वचन अनेका।

---

31. वही, पृ.-154
32. वही, पृ.-157
33. वही, पृ.-154
34. वही, पृ.-161

हरि माया बस जगत भ्रमाहीं,
तिन्हहिं कहत कछु अघटित नाहीं।

बातुल भूत बिबस मतवारे,
ते नहिं बोलहिं वचन बिचारे ॥[35]

एक बार पुनः पूछा जा सकता है कि क्या इन उद्धरणों को संसार के किसी भी प्राचीन या अर्वाचीन साहित्य में शालीन और संगत कहा जा सकेगा ? कबीर ब्राह्मण को तनिक सी बात कह देते हैं तो वे गैर-शालीन और असंगत हो जाते हैं लेकिन तुलसी शूद्रों और नारियों को निर्दयी और असभ्य हो कर पशुओं और ढोरों की तरह खेतों में और हवेलियों में पिटवा रहे हैं, वे तब भी शालीन और संगत बचे रह जाते हैं ? शील रहित और दुर्गुणी व्यक्ति के पैर पुजवाना तथा गुणों और ज्ञान की खान वाले व्यक्ति का रात-दिन सभा-समाज में अपमान करवाना किस दुनिया की शालीनता और संगतता कही जा सकती है ? कबीर ने यदि ब्राह्मण के खिलाफ कुछ कहा है तो वह तुलसी के इस स्तर का नहीं है कि उसे पिटवाया जाए। उन्होंने कहीं भी ब्राह्मण को पशु और ढोल के समान पीटने की बात नहीं कही है और उन्होंने एक बार भी मूर्ख व्यक्ति को पुजवाना नहीं चाहा है। फिर तुलसी की उपमाएँ भी कैसी हैं ? क्या कबीर के साधु पन्थ को गधी कहना तनिक भी सम्मानजनक काव्योक्ति है ? क्या ब्राह्मण को गाय बता कर उसके दुष्ट होने पर भी उसकी प्रशंसा में गीत लिखने में कोई वैचारिक संगतता बैठती दीखती है ? क्या ब्राह्मण और शूद्र की गाय और गधी के रूप में तुलनाएँ एक क्षण के लिए भी साहित्यिक रचनाएँ हैं ? लेकिन शायद कबीर और तुलसी समझने और समझाने की बात नहीं हैं। हरिऔध उपाध्याय को कबीर की वह बात बहुत खलती और चुभती है जब कबीर कहते हैं कि ब्राह्मण आज तक किसी के काम नहीं आया। लेकिन यदि हरिऔध उपाध्याय 'उपाध्याय' न हो कर कोई तेली, कुम्हार, किरात, कोल, कलवार के शूद्रों में से कोई एक या नारी होते तो उन्हें तुलसी की शालीनता और संगतता का ठीक-ठीक पता चल सकता था। श्रमिक समाज और नारी की दृष्टि से तुलसी विश्व के साहित्यिक इतिहास में सबसे ज्यादा असभ्य, बर्बर और दुश्मन कवि हैं।

वैसे, क्या हरिऔध उपाध्याय जी की यह बात मानने लायक है कि कबीर अपने मिशन में फेल हो गए हैं ? इसके उत्तर में डॉ. हजारी प्रसाद द्विवेदी ने कहा है कि कबीर के मामले में यह प्रश्न उतना महत्त्वपूर्ण नहीं है कि उनके मिशन का

---

35. कबीर, हजारी प्रसाद द्विवेदी, हिन्दी ग्रन्थ रत्नाकर कार्यालय, बम्बई-4, तृतीय परिवर्द्धित संस्करण, 1950, पृ.-118

परिणाम क्या हुआ। उन्होंने लिखा है कि कबीर ने अपनी एक महती साधना का बीज बोया था। लेकिन वह बीज बेकार नहीं गया। इस प्रसंग में वे रवीन्द्रनाथ ठाकुर की कविता का भावानुवाद करते हुए कहते हैं–"जीवन् में जो पूजाएँ पूरी नहीं हो सकी हैं, मैं ठीक जानता हूँ कि वे भी खो नहीं गई हैं। जो फूल खिलने से पहले ही पृथ्वी पर झड़ गया है, जो नदी मरुभूमि के मार्ग में ही अपनी धारा खो बैठी है, मैं ठीक जानता हूँ कि वे भी खो नहीं गई हैं। जीवन में आज भी जो कुछ पीछे छूट गया है, जो कुछ अधूरा रह गया है, मैं ठीक जानता हूँ, वह भी व्यर्थ नहीं हो गया है। मेरा जो भविष्य है, जो अब भी अछूता है, वे सब तुम्हारी वीणा के तार में बज रहे हैं, मैं ठीक जानता हूँ, ये भी खो नहीं गए हैं।"[36] डॉ. द्विवेदी ने निष्कर्ष निकालते हुए लिखा है कि कबीरदास की साधना न तो लोप हो गई है और न कहीं खो गई है।[37]

फिर भी, यदि कबीर की चिन्तन धारा किसी को लुप्त हुई दीखती है तो उसका कारण क्या है ? उसका असली कारण खुद अयोध्या सिंह उपाध्याय और उन जैसे लेखकों की द्विज दृष्टि है। उपाध्याय जी ने अपनी पुस्तक 'कबीर वचनावली' में खुद इसे भूल में उजागर कर दिया है। उनके द्वारा इस पुस्तक के लिखे जाने का एक विशेष उद्देश्य था। पहली बात, यह पुस्तक केवल ब्राह्मणों के लिए लिखी गई है। इसका सम्बोधन ब्राह्मणों को करते हुए वे मनुस्मृति को उद्धृत करते हुए लिखते हैं कि कबीर का अध्ययन करते समय ब्राह्मणों को चाहिए कि वे सम्मान से विष के समान बचें और अपमान की अमृत के तुल्य इच्छा करें।[38] दूसरे वे कबीर को पढ़ने के लिए अपने ब्राह्मण पाठकों को समझाते हुए और उनकी हिम्मत बांधते हुए लिखते हैं–"वे (कबीर) वेद शास्त्र की निन्दा करते हैं, हिन्दू महापुरुषों को उन्मार्गगामी बतलाते हैं। हिन्दू धर्म नेताओं की धूल उड़ाते हैं, यह सत्य है। परन्तु उनके पन्थ वालों के साथ आप ऐक्य कैसे स्थापन करेंगे जब तक इन विचारों को न जानेंगे।"[39] यही सबसे बड़ी मार है जो कबीर की स्वतन्त्र चिन्तन धारा को एक पृथक धर्म के रूप में मान्यता नहीं लेने देती। खुद अयोध्या सिंह यह बात सौ प्रतिशत सही मानते हैं कि कबीर वेद शास्त्र की निन्दा करते हैं, हिन्दुओं के महापुरुषों को उन्मार्गगामी बतलाते हैं और हिन्दू धर्म के नेताओं की धूल उड़ाते हैं। लेकिन इसके बाद भी यदि अयोध्या सिंह कबीर को हिन्दू और उनकी दृष्टि को वैष्णव कहते हैं तो इसका क्या किया जाए। आखिर कबीर और

---

36. वही, पृ.-186
37. वही, पृ.-186
38. कबीर वचनावली, अयोध्या सिंह उपाध्याय हरिऔध, नागरी प्रचारिणी सभा, काशी, 11वां संस्करण, सं. 2015, पृ.-90
39. वही, पृ.-89

किस तरह से हिन्दू धर्म का विरोध करें ताकि उन्हें हिन्दू न कहा जाए ? वे साफ-साफ कहते हैं कि मैं हिन्दू नहीं हूँ, कोई मेरे मत की हिन्दू व्याख्या न करे, मेरा वेदों से विरोध है, हिन्दू धर्म के अवतारों को मैं नहीं मानता, लेकिन इसके बाद भी अयोध्या सिंह द्वारा उन्हें इस पुस्तक में बार-बार हिन्दू लिखा गया है। अयोध्या सिंह की यही ब्राह्मणी दृष्टि इस बात के लिए जिम्मेदार है कि दलित समाज के धर्म की अलग पहचान नहीं बनने दी जाती। उनका अपना धर्म अलग है, उस धर्म की अलग परिभाषा है, लेकिन हिन्दू लेखक इसे जबरन अपने में मिलाना चाहते हैं। इस प्रकार, दलितों द्वारा किए गए धार्मिक विद्रोह के सारे इतिहास को नाम मात्र को और ऊपर-ऊपर से हिन्दुओं द्वारा अपने में समा लेने की गुप्त प्रक्रिया ही कबीर के पृथक धर्म की स्थापना में अड़चन और फलस्वरूप असफलता है। यह तो कोई बात नहीं हुई कि चूँकि कबीर ईश्वर को मानते हैं और हिन्दू भी ईश्वर को मानते हैं, इसलिए कबीर हिन्दू सिद्ध हो जाते हैं। ऐसे तो ईसाइयों और मुसलमानों को भी हिन्दू कहना पड़ जाएगा। यह कबीर की मजबूरी है कि उनके धर्म का विरोध हिन्दू धर्म से है। उन्हें हिन्दू धर्म का खण्डन करने में हिन्दू धर्म की भाषा का व्यवहार करना पड़ता है। इस कारण ऊपर से देखने वालों को ऐसा दीख सकता है कि वे अहिन्दू नहीं हैं। लेकिन यदि कोई भीतर से देखने का प्रयत्न करे तो पता चलेगा कि इस्लाम और ईसाई धर्म उतने अहिन्दू नहीं हैं जितना कबीर का धर्म अहिन्दू है। ऐसे वेद विरोधी कबीर के धर्म को, बिना वर्णाश्रम व्यवस्था और उससे उत्पन्न अधिकारी भेद को मिटाए, हिन्दू धर्म कहना निश्चित रूप से कबीर के स्वतन्त्र और पृथक धर्म की जान बूझ कर पहचान मिटाने की प्रवृत्ति ब्राह्मणों की युद्ध नीति में शामिल हथियार है।

भारत के श्रमिक समाज की अपनी परेशानी शिक्षा के अभाव की है। इस देश के लिखित धर्मशास्त्रों द्वारा श्रमिक समाज के लोगों को जबरन शिक्षा से वंचित रखा गया है। ये अपनी पैदायश में वेद विरोधी हैं पर अपने अलिखित धर्म को संगठित रूप में सुरक्षित नहीं रख पाते। यदि इनमें शिक्षा का व्यापक प्रसार होता तो ये भी अपने अलिखित धर्म को लिखित रूप दे सकते थे। एक दूसरी पेचीदी बात यह होती है कि जब इस श्रमिक समाज में से किसी व्यक्ति को विदेशी प्रभावों के कारण पढ़ने-लिखने का मौका मिलता है तो वह इतना पढ़ता-लिखता है कि उसकी कोई थाह नहीं होती। कबीर अपने युग के सबसे अधिक शिक्षित व्यक्ति थे। उस युग में उनके बराबर पढ़ा-लिखा और समझदार व्यक्ति मिलना कठिन था। उनका यह पढ़ना-लिखना और ज्ञान-ध्यान इस देश में मुसलमानी प्रभाव के कारण सम्भव हो सका था। यहाँ ध्यान रहे कि पढ़ने-लिखने का अर्थ वेद के पढ़ने से न लिया जाए। ब्राह्मणों ने चिढ़ कर कबीर को अनपढ़ इसलिए कहा है क्योंकि कबीर ने उन के धर्म ग्रन्थ वेद की निन्दा की थी अन्यथा कबीर गैर-संस्कृत भाषा के मामले में सबसे ज्यादा पढ़े-लिखे व्यक्ति थे। लेकिन यूँ तो संस्कृत न पढ़ी हुई होने के कारण ब्राह्मणों

की दृष्टि में डॉ. अम्बेडकर भी अनपढ़ व्यक्ति थे। कबीर के साहित्य को पढ़ने से लगता है कि उन्होंने गहन शिक्षा ग्रहण की थी। उनके अनुभव तर्क-संगत और व्यापक हैं। उधर, उनका श्रमिक समाज ज्यादा पढ़ा-लिखा नहीं था। यदि कबीर के श्रमिक समाज को उस समय थोड़ा भी शिक्षा का अधिकार मिला हुआ होता तो बाद में नानक के 'सिख धर्म' से पहले इस देश में कबीर का 'गुरुधर्म' स्थापित हो गया होता।

कबीर की पुनरावृत्ति हर समय हुई है। इस युग में ईसाइयत के प्रभाव के कारण डॉ. अम्बेडकर की कहानी ने जन्म लिया है। यदि कबीर भारत में मुसलमानी आगमन की देन थे तो डॉ. अम्बेडकर ईसाइयत के प्रभाव का परिणाम हैं। कबीर के समय में कबीर के मुकाबले का बहुश्रुत और ज्ञानी-ध्यानी व्यक्ति पैदा नहीं हुआ तो डॉ. अम्बेडकर ने अपने युग में अपने बराबर के पढ़े-लिखे किसी दूसरे व्यक्ति को जन्म नहीं लेने दिया। कबीर का जन समाज अनपढ़ था तो डॉ. अम्बेडकर का जन समाज भी निरक्षर था। यह भी अचरज की बात नहीं है कि कबीर डॉ. अम्बेडकर के आध्यात्मिक गुरु थे और वे खुद कबीर पंथी समुदाय में पैदा हुए थे। इस प्रकार, कबीर का चिन्तन कहीं लुप्त नहीं हो गया है बल्कि वह डॉ. अम्बेडकर के रूप में पूर्ण रूप से सुरक्षित है। डॉ. अम्बेडकर ने कबीर के इस चिन्तन को और भी व्यापक आयाम दे कर बौद्ध धर्म की महान वेद विरोधी परम्परा से जोड़ दिया है। आगे यह नदी समुद्र बनने की कोशिश में है। पर खुशी की बात यह है कि इस बार आधुनिक सरकारों के विकास कार्यक्रमों की वजह से श्रमिक समाज में अनिवार्य शिक्षा का प्रसार होता जा रहा है। शिक्षित हो कर अगला श्रमिक समाज अस्पृश्यता आदि सामाजिक समस्याओं का समाधान खुद खोज लेगा। तब जाति प्रथा मिटवाने के लिए उसे किसी अन्य धर्म की आवश्यकता नहीं पड़ेगी। वह खुद अपने वेद विरोधी धर्म का पालन करके वर्ण व्यवस्था को जड़मूल से खत्म कर देगा। चूँकि समस्या उसकी है इसलिए समाधान भी वही होगा।

अध्याय–3

डॉ. श्याम सुन्दर दास का दूसरा आक्रमण

1

कबीर ने एक बात बहुत स्पष्ट रूप से कही थी कि वे हिन्दू नहीं हैं। उन्होंने अपने व्यक्तित्व को ही नहीं बल्कि अपनी समूची जुलाहा जाति और पंथ के रूप में सारे दलित वर्गों को हिन्दू कहलवाने से बचाया था। अपने समय में वे इस मामले में बहुत सचेत थे। शायद उन्हें यह आभास भी नहीं था कि बाद में उनका इस्तेमाल हिन्दू धर्म के बचाव के लिए किया जाएगा। उन्होंने हिन्दू और मुसलमान के दोनों धर्मों से तत्कालीन दलित जातियों की रक्षा की थी। लेकिन बाद में यह सत्य सिद्ध हो कर रहा कि हिन्दुओं द्वारा कबीर का अपने हित में इस्तेमाल किया गया है।

कबीर को अपने महती काम में इस बात की चिन्ता नहीं थी कि मुसलमान शासकों द्वारा काशी के ब्राह्मणों के जनेऊ तोड़े जा रहे थे। कबीर की असली चिन्ता यह थी कि उस हाल में भी ब्राह्मण कबीर को और कबीर की जुलाहा जाति को अछूत मान रहा था। यदि कबीर राजनेता होते और राजनैतिक गोट बिठाते तो उन्हें इस बात से कुछ खुशी हो जाती कि ब्राह्मणवाद के पाखंड को इस्लाम के शासकों के रूप में एक अच्छी चुनौती दी गई। लेकिन ब्राह्मणवाद ने कबीर की जाति को इस लायक नहीं छोड़ा था कि वह राजनैतिक शक्ति के रूप में उभर कर सामने आती।

तत्कालीन दलित वर्गों की इस राजनैतिक कमजोरी का लाभ उठा कर ब्राह्मण वाद ने इन वर्गों की संभावित राजनैतिक खुशी का इजहार होने पर रोक लगा रखी थी। यह रोक आज तक जारी है। आज के सभी ब्राह्मणवादी विचारक एक स्वर से घोषित करते हैं कि कबीर ने हिन्दुओं को मुसलमानों के धार्मिक आक्रमण से बचाया था। सच यह है कि कबीर ने अपनी दलित जातियों को मुसलमानों और हिन्दुओं के दोहरे आक्रमणों से एक साथ बचाया था।

डॉ. श्याम सुन्दर दास ने 'कबीर ग्रंथावली' का सम्पादन केवल हिन्दू दृष्टिकोण को ले कर किया था। असल में, इस पुस्तक का सम्पादन उन्हें काशी नागरी

प्रचारिणी सभा द्वारा सौंपा गया था। उनसे भी पहले यह काम अयोध्या सिंह उपाध्याय को सौंपा गया था जिसे वे डॉ. श्याम सुन्दर दास के कथनानुसार समयाभाव के कारण न कर सके थे।[1]

इस प्रकार के सम्पादन में डॉ. श्याम सुन्दर दास का एक मात्र उद्देश्य यह था कि कबीर को हर तरह से विशुद्ध हिन्दू रक्त घोषित किया जाए। कबीर के समय का वर्णन करते हुए वे इस पुस्तक की प्रस्तावना में लिखते हैं–"सोने-चाँदी की तो बात ही क्या, हिन्दुओं के घरों में ताँबे-पीतल के थाली लोटों तक का रहना सुल्तान को खटकने लगा। उनका घोड़े की सवारी करना और अच्छे कपड़े पहनना महान अपराधों में गिना जाने लगा। नाममात्र के अपराध के लिए भी किसी की खाल खिंचवा कर उसमें भूसा भरवा देना एक साधारण बात थी।"[2] वे इसी क्रम में आगे कलम को वेदना गलित अश्रुओं में डुबो कर लिखते हैं–"हिन्दू जाति के लिए जीवन धीरे-धीरे एक भार सा होने लगा, कहीं से आशा की झलक तक न दिखाई देती थी।··· हिन्दू जाति में से जीवन शक्ति के सब लक्षण मिट गए। कबीर के समय हिन्दू जाति की यही दशा हो रही थी।"[3] उन्होंने मध्य कालीन भारतीय इतिहास के कई उदाहरण पेश करते हुए निष्कर्ष रूप में लिखा है–"कबीर का जन्म ऐसे समय में हुआ जबकि मुसलमानों के अत्याचारों से पीड़ित भारतीय जनता को अपने जीवित रहने की आशा नहीं रह गई थी और उसमें अपने आपको जीवित रखने की इच्छा ही शेष रह गई थी। उसे मृत्यु या धर्म परिवर्तन के अतिरिक्त और कोई उपाय ही नहीं देख पड़ता था।"[4]

डॉ. श्याम सुन्दर दास ने अपने आपको हिन्दुओं तक ही सीमित रखा था। लेकिन उनके बाद इस परम्परा में हिन्दू की व्याख्या ब्राह्मण के रूप में की गई थी। डॉ. केदार नाथ द्विवेदी ने मुसलमानों द्वारा किए गए अत्याचारों का कुछ अधिक भावुकता पूर्ण विवरण प्रस्तुत करते हुए अपनी पुस्तक 'कबीर और कबीर पंथ' में लिखा है–"फिरोज तुगलक की विनाशकारिणी प्रतिभा ने कितने ही ब्राह्मणों को अग्निधारा में बहा दिया। तैमूर लंग का आक्रमण हिन्दुओं के लिए अभिशाप सिद्ध हुआ। भारत पर आक्रमण करने में उसका लक्ष्य ही काफिरों को दंड देना, बहु देववाद और मूर्ति पूजा का अन्त कर गाजी और मुवाहिद बनना था। सिकन्दर लोदी के समय में हिन्दू गाजर और मूली की भाँति काटे गए। उसने एक दिन में 1500 हिन्दुओं को तलवार के घाट उतारा था। उसका प्रत्येक सिपाही सौ-सौ स्त्री, बच्चों

---

1. कबीर ग्रन्थावली, सम्पादक डॉ. श्याम सुन्दर दास, नागरी प्रचारिणी सभा, वाराणसी, सातवाँ संस्करण, संवत् 2016, प्रथम संस्करण की भूमिका, पृ.-1
2. वही, प्रस्तावना, पृ.-7
3. वही, प्रस्तावना, पृ.-8
4. वही, प्रस्तावना, पृ.-9-10

को गुलाम बना कर ले गया था। यवन शासकों ने हिन्दुओं पर 'जजिया' और 'पाल टैक्स' भी लगाए थे। हिन्दुओं में धनाढ्य समझे जाने वाले व्यक्ति भी न तो घोड़े पर सवारी कर सकते थे, न सुन्दर वस्त्र पहन सकते थे और न पान ही खा सकते थे। धार्मिक असहिष्णुता का शिकार विशेष रूप से ब्राह्मण वर्ग को होना पड़ा था। काजी की आज्ञा से ब्राह्मणों की स्त्रियाँ भी पराई हो जाती थीं। यवन ब्राह्मणों को पकड़ कर उनके मस्तक पर गाय का 'शुरूआ' रख देते थे। तिलक पोंछ कर जनेऊ तोड़ देते थे। यहाँ तक कि उन निरीह ब्राह्मणों को घोड़े से रौंदते भी थे। सिकन्दर लोदी ने तो यहाँ तक आज्ञा दे दी थी कि हिन्दू यमुना में स्नान तक न करने पावें। उसने बोधन नामक ब्राह्मण को अपने धर्म का महत्त्व बतलाने के कारण मृत्यु दंड दिया था। फिरोज तुगलक की आज्ञा से एक ब्राह्मण को केवल यही कहने पर जीवित जलवा दिया गया कि हिन्दू धर्म भी इस्लाम के समान ही श्रेष्ठ है। गंगादि मांगलिक तीर्थ स्थानों का महत्त्व समाप्त हो चुका था और वैदिक मंत्र भी धीरे-धीरे तिरोहित होते जा रहे थे। हिन्दू सचमुच धूल के कणों की भाँति महत्त्वहीन हो गए थे।"[5]

डॉ. रामनिवास चंडक ने अपनी पुस्तक 'कबीर : जीवन और दर्शन' में इस भावना को पूर्ण रूप से जाहिर करने वाले डॉ. मुंशीराम शर्मा के ये शब्द उनकी पुस्तक 'भक्ति का विकास' से उद्धृत किए हैं–"यह शासन हिन्दुओं पर मुसलमानों के घोर अन्याय एवं अत्याचार का शासन था। हिन्दुओं को बलात मुसलमान बनाना, मुसलमान न बनने पर उन्हें जजिया कर देने के लिए बाध्य करना, किसानों से खेतों की उपज का आधे से अधिक भाग भूमि कर के रूप में ले लेना, उत्तरदायित्व पूर्ण पदों पर केवल मुसलमानों को रखना, हिन्दुओं के लिए अश्वारोहण, सुन्दर वस्त्र धारण, ताम्बूल भक्षण तथा अस्त्र-शस्त्रादि रखने की निषेधाज्ञा का प्रचारित करना, देवालयों के अनेकानेक निर्माण से उन्हें वंचित रखना, जीर्णोद्धार की आज्ञा न देना, मन्दिरों को मस्जिदों में परिणत करना, मंदिरों पर खुदे हुए शिलालेखों, प्रशस्तियों तथा अन्दर रखे हुए ग्रन्थों को नष्ट करना, मन्दिरों के उपादान से मस्जिदों का निर्माण करना, भवन निर्माण की शिल्प पद्धति में परिवर्तन करना, हिन्दुओं के सोने और चाँदी के आभूषण तो जहाँ-तहाँ, ताँबे और पीतल के बर्तन रखने से भी वंचित कर देना आदि ऐसी अनेक बातें हैं, जो हिन्दुओं को धर्मान्तरित करने, वशीभूत करने अथवा नष्ट करने तथा मुस्लिम राज्य एवं धर्म को सुदृढ़ बनाने के लिए की गईं। इनमें एक संस्कृत जाति का असंस्कृत आक्रांताओं के अत्याचारों की मर्मभेदी कहानी छिपी हुई है।"[6]

---

5. कबीर और कबीर पंथ, डॉ. केदार नाथ द्विवेदी, हिन्दी साहित्य सम्मेलन, प्रयाग, प्रथम संस्करण, सन् 1965, पृ.-148
6. कबीर : जीवन और दर्शन, डॉ. रामनिवास चंडक, नागरी प्रचारिणी सभा, वाराणसी, प्रथम संस्करण, संवत् 2035, पृ.-4

क्या ऊपर दिए गए डॉ. केदार नाथ द्विवेदी और डॉ. मुंशी राम शर्मा के इन उद्धरणों में कहीं भी कोई अतिरंजन है ? वास्तव में, इस विवरण में कोई अतिरंजन नहीं होना चाहिए। उत्तर यह नहीं है कि ऊपर के विवाद में कोई अतिरंजन है बल्कि प्रश्न यह है कि नीचे दिए जा रहे वर्णनों में क्या कोई अतिरंजन है। 'लोकायन समीक्षा' के सम्पादक ने वर्ष 1989 में दलितों पर सवर्णों द्वारा किए गए अत्याचारों के विवरण अपनी पुस्तक 'दलित उत्पीड़न विशेषांक' में इकट्ठे किए हैं। ये घटनाएँ पूरे देश भर में फैली हुई हैं। इन्हें उन्होंने विभिन्न अखबारों से संकलित किया है। ये घटनाएँ देश की आजादी के 42 वर्ष बाद की हैं। इनमें से कुछ आगे दी जा रही हैं :

1. गुलबर्ग (कर्नाटक) के 'गानाजल खेद' के सवर्णों द्वारा दलित बस्ती पर हमला किया गया जिसमें 13 दलित घायल हुए और 17 मकानों को नुकसान पहुँचा।[7]

2. बिहार के बारून अंचल के अमौना गाँव के भूस्वामियों ने खेत मजदूरों और हरिजनों की एकता से नाराज हो कर उनकी नाकेबन्दी कर दी। भूस्वामियों ने इन गरीबों के घरों की औरतों को खेत में जा कर पाखाना करने पर पाबंदी लगा दी थी।[8]

   नवभारत टाइम्स, पटना, 14 अप्रैल, 1989

3. जहानाबाद के कुर्था थानान्तर्गत अहरा गाँव के करीब डेढ़ दर्जन गरीब हरिजनों की झोंपड़ियाँ जला दी गईं।[9]

   चौथी दुनिया, 8 से 14 अक्तूबर, 1989

4. एक मजदूर महिला के साथ बलात्कार के बाद चाकू मार कर उसकी हत्या कर दी। हत्यारे इतने से भी सन्तुष्ट नहीं हुए। उन्होंने उस मजदूरनी के गुप्तांगों में आग भी लगा दी।[10]

   जनसत्ता, 24 फरवरी, 1989

ऐसा नहीं है कि अनुसूचित जाति पर हुए अत्याचार के ऐसे मामले कुछ ही हों। गृह मंत्रालय, भारत सरकार के स्रोत से 1989 के दौरान हुए लोकायन समीक्षा के इस दलित उत्पीड़न विशेषांक में इन मामलों की संख्या इस प्रकार दी गई है[11]—

7. लोकायन समीक्षा, दलित उत्पीड़न विशेषांक, वर्ष 1989-90, जनवरी-मार्च 1990, एक्सचेंज स्टोर्स, 13 अलीपुर रोड, दिल्ली-110054, पृ.-1
8. वही, पृ.-11
9. वही, पृ.-7
10. वही, पृ.-7
11. वही, पृ.-141

क्रम सं.	राज्य/केन्द्र शासित प्रदेश	संख्या	विशेष
1.	आन्ध्र प्रदेश	465	अक्तूबर के सिवाय
2.	असम	17	
3.	बिहार	997	नवम्बर 1989 तक
4.	गोआ	2	
5.	गुजरात	593	
6.	हरियाणा	77	
7.	हिमाचल प्रदेश	70	जून के सिवाय
8.	जम्मू व कश्मीर	155	
9.	कर्नाटक	490	अगस्त 1989 तक
10.	केरल	456	सितम्बर 1989 तक
11.	मध्य प्रदेश	3878	नवम्बर 1989 तक
12.	महाराष्ट्र	329	नवम्बर 1989 तक
13.	उड़ीसा	318	नवम्बर 1989 तक
14.	पंजाब	21	
15.	राजस्थान	1588	
16.	सिक्किम	3	
17.	तमिलनाडु	409	अक्तूबर 1989 तक
18.	उत्तर प्रदेश	3945	सितम्बर 1989 तक
19.	पश्चिमी बंगाल	12	
20.	दिल्ली	5	
21.	पांडिचेरी	1	
	कुल	13,031	

सवाल यही है कि क्या वर्ष वार घटने वाली वर्ष 1989 की ये घटनाएँ अतिरंजित ढंग से प्रस्तुत की गई हैं ? क्या दलितों के लिए वर्ष 1989 के ये ब्राह्मण, ठाकुर और वैश्य मध्य कालीन इतिहास के किसी फिरोज तुगलक, तैमूर लंग और सिकन्दर लोदी से कम हैं ? अगला सवाल बनता है कि वर्तमान पुस्तक में वर्ष 1989 में दलितों पर किए गए अत्याचारों की इन घटनाओं से क्या सम्बन्ध है ? सम्बन्ध सीधा कबीर का है। कबीर के जुलाहे और अन्य दलित उनके समय में भी द्विजों द्वारा ऐसे ही मारे-पीटे जा रहे थे। ऐसे समय में कबीर मुसलमानों द्वारा मारे जा रहे द्विज हिन्दुओं और ब्राह्मणों की हिमायत करते या मुसलमानों द्वारा तथा द्विज हिन्दुओं और ब्राह्मणों द्वारा मारे जाते हुए अपने दलितों की रक्षा करते ? सच्ची बात यही है कि कबीर ने मुसलमानों और हिन्दुओं द्वारा मारे जा रहे अपनी दलित जातियों की रक्षा के लिए तत्कालीन इतिहास के चौराहे पर पुकार मचाई थी। लेकिन

बाद के सभी हिन्दू लेखकों ने कबीर का लाभ यह कह कर उठाया है कि उन्होंने मुसलमानों के अत्याचारों से हिन्दुओं की रक्षा की थी। यह चतुर लोगों द्वारा भोले लोगों को गुमराह करने वाली बात है।

डॉ. श्याम सुन्दर दास ने कबीर को हिन्दू सिद्ध करने के अपने मन्तव्य के लिए दार्शनिक स्थिति को भी उलट-पुलट दिया है। यह ईश्वर की सगुण और निर्गुण व्याख्याओं के अन्तर की बात है। असल में, हिन्दू लेखकों ने हिन्दी साहित्य के भक्ति काल की व्याख्या सही-सही नहीं की है। उन्होंने सगुण और निर्गुण के सामाजिक अन्तर को पूरी तरह भूलना चाहा है। उन्होंने सगुण और निर्गुण में मात्र वैचारिक अन्तर माना है मानो इस अन्तर को सामाजिक भेदों से कुछ नहीं लेना है। यह मान लिया जाता है कि मनुष्य के दिमाग में पहले सगुण का विचार आता है और उसके बाद निर्गुण का विचार आता है। वे इस तथ्य की अनदेखी कर जाते हैं कि कुछ लोग पैदायशी निर्गुण के विचार वाले क्यों होते हैं और कुछ लोग मृत्यु तक सगुण का विचार किन सामाजिक कारणों से रख पाते हैं। यह भी विशेष ध्यान देने की बात है कि सभी हिन्दू लेखकों की अन्तिम सन्तुष्टि सगुण से ही क्यों होती है। ये निर्गुण की वैचारिक व्याख्या कर जाएँगे लेकिन इनका मन सगुण से ही प्रसन्न क्यों होता है ? ये आरम्भ में निर्गुण की प्रशंसा करके अन्त में उसकी बेइज्जती कर जाते हैं। डॉ. श्याम सुन्दर दास सगुण और निर्गुण के इस तर्क को प्रस्तुत करते हुए असमंजस में लिखते हैं–''यद्यपि धर्मज्ञ तत्त्वज्ञों ने सगुण उपासना से आगे बढ़ते-बढ़ते निर्गुण उपासना तक पहुँचने का सुगम मार्ग बताया है और वास्तव में यह तत्त्व बुद्धिसंगत भी जान पड़ता है पर उस समय सगुण उपासना की निःसारता का जनता को परिचय मिल चुका था और उस पर से उसका विश्वास भी हट चुका था अतएव कबीर को अपनी व्यवस्था उलटनी पड़ी।''[12] इस में डॉ. श्याम सुन्दर दास ने एकदम झूठ बोला है। उन्हें यह पता होना चाहिए था कि हिन्दू समाज में दलित जातियों में उत्पन्न कोई भी व्यक्ति सगुण की भक्ति नहीं कर सकता। इसकी उसे सामाजिक रूप से सद्विजों द्वारा मनाही है। हिन्दू धर्म में सगुण ईश्वर की भक्ति का मतलब राम और कृष्ण, उनके मन्दिर और पौराणिक ग्रन्थों का पारायण है। कोई भी दलित व्यक्ति राम और कृष्ण के मन्दिरों पर नहीं चढ़ सकता था और संस्कृत भाषा सीख कर वैदिक ग्रन्थों का वाचन नहीं कर सकता था। जुलाहा जाति में जन्म लेने के कारण कबीर को यह सामाजिक अनुमति प्राप्त नहीं थी कि वे काशी के द्विज मन्दिरों में चढ़ सकते थे। वास्तव में, सगुण से निर्गुण तक जाने का रास्ता द्विज हिन्दू का हो सकता है जुलाहे कबीर का नहीं। कबीर का सामाजिक रास्ता सीधा निर्गुण से निर्गुण तक

12. कबीर ग्रन्थावली, सम्पादक डॉ. श्याम सुन्दर दास, नागरी प्रचारिणी सभा, वाराणसी, सातवां संस्करण, संवत 2016, प्रस्तावना, पृ.-10

जाने का था। इसलिए डॉ. श्याम सुन्दर दास का यह कहना उचित नहीं है कि वैचारिक क्षेत्र में कबीर को अपनी व्यवस्था उलटनी पड़ी बल्कि कबीर की यही निर्गुण से निर्गुण की सीधी व्यवस्था थी।

डॉ. दास ने आगे यह भी अपने मनमाने ढंग से लिखा है कि "मुसलमान भी निर्गुणोपासक थे। अतएव उनसे मिलते-जुलते पथ पर लगा कर कबीर ने हिन्दू जनता को संतोष और शांति प्रदान करने का उद्योग किया।"[13] वास्तव में, यह कबीर की इस्लाम से मिलते-जुलते पथ की बात नहीं थी बल्कि उनकी सामाजिक मजबूरी की बात थी। डॉ. दास का हिन्दू समाज में छुआछूत के रहते हुए यह कहना कतई समीचीन नहीं है कि उस समय परिस्थिति केवल निराकार और निर्गुण ब्रह्म की भक्ति के ही अनुकूल थी।[14] सच्ची बात यह है कि रामानन्द जैसे आदमी उस समय भी सगुण की भक्ति कर रहे थे। फिर कबीर की निर्गुण भक्ति का भी डॉ. श्याम सुन्दर दास ने केवल लाभ उठाया है और उसका सम्मान नहीं किया। उन्होंने अपनी इसी पुस्तक में लिखा है–"यद्यपि उस उद्योग में उन्हें सफलता नहीं प्राप्त हुई, तथापि यह स्पष्ट है कि कबीर के निर्गुणवाद ने तुलसी और सूर के सगुणवाद के लिए मार्ग परिष्कृत कर दिया और उत्तरीय भारत के भावी धर्ममय जीवन के लिए उसे बहुत कुछ संस्कृत और परिष्कृत बना दिया।"[15] उन्होंने उस समय की परिस्थिति का हवाला देते हुए अपना पूरा विचार इस प्रकार रखा है–"कबीर ने अपनी निर्गुण भक्ति के द्वारा यही आशा भारतीय जनता के हृदय में उत्पन्न की और उसे कुछ अधिक समय तक विपत्ति की इस अथाह जल राशि के ऊपर बने रहने की उत्तेजना दी, यद्यपि सहायता की आशा से आगे बढ़े हुए हाथ को वास्तविक सहारा सगुण भक्ति से ही मिला और केवल राम भक्ति ही उसे किनारे पर ला कर सर्वथा निरापद कर सकी।"[16] डॉ. दास ने कबीर को राम और तुलसी तक लाने के लिए सीढ़ी बना दिया है जब वे आगे कबीर की प्रंशसा में मात्र इतना लिखते हैं–"पर इससे जनता पर होने वाले कबीर के उपकार का महत्त्व कम नहीं हो जाता। कबीर यदि जनता को भक्ति की ओर न प्रवृत्त करते तो क्या सम्भव था कि लोग इस प्रकार सूर की कृष्ण भक्ति अथवा तुलसी की राम भक्ति आँखें मूँद कर ग्रहण कर लेते।"[17] सोचा जा सकता है कि डॉ. दास के इन शब्दों को कबीर की प्रशंसा माना जाए या काम निकालने की मतलबी बात।

---

13. वही, पृ.-10
14. वही, पृ.-11
15. वही, पृ.-10
16. वही, पृ.-9
17. वही, पृ.-9

2

डॉ. श्याम सुन्दर दास को अपने इस मत की पक्की पुष्टि करनी थी कि कबीर हिन्दू थे। इसके लिए उन्होंने एक रास्ता यह निकाला कि कबीर को हिन्दू माता-पिता की औलाद सिद्ध किया। उन्होंने बिना कोई तर्क-वितर्क किए अपने मत की पुष्टि के लिए सीधे एक किंवदंती में विश्वास करते हुए लिख दिया—"कहते हैं कि काशी में एक सात्विक ब्राह्मण रहते थे जो स्वामी रामानन्द जी के बड़े भक्त थे। उनकी एक विधवा कन्या थी। उसे साथ ले कर एक दिन वे स्वामी जी के आश्रम पर गए। प्रणाम करने पर स्वामी जी ने उसे पुत्रवती होने का आशीर्वाद दिया। ब्राह्मण देवता ने चौंक कर जब पुत्री का वैधव्य निवेदन किया तब स्वामी जी ने सखेद कहा कि मेरा वचन तो अन्यथा नहीं हो सकता है। परन्तु इतने से संतोष करो कि इससे उत्पन्न पुत्र बड़ा प्रतापी होगा। आशीर्वाद के फलस्वरूप जब इस ब्राह्मण कन्या को पुत्र उत्पन्न हुआ तो लोक-लज्जा और लोकापवाद के भय से उसने उसे लहर तालाब के किनारे डाल दिया। भाग्यवश कुछ ही क्षण के पश्चात् नीरू नाम का एक जुलाहा अपनी स्त्री नीमा के साथ उधर से आ निकला। इस दम्पति के कोई पुत्र न था। बालक का रूप पुत्र के लिए लालायित दम्पति के हृदयों में चुभ गया और वे इसी बालक का भरण-पोषण कर पुत्रवान हुए। आगे चल कर यही बालक परम भगवद् भक्त कबीर हुआ।"[18]

डॉ. दास ने इस जनश्रुति का विश्लेषण करते हुए अपनी बौद्धिकता का भी इस्तेमाल किया है लेकिन वह बौद्धिकता और तार्किकता केवल ऊपरी और दिखावे भर की है। उसमें उनकी नीयत साफ नहीं है। वे लिखते हैं—"कबीर का विधवा ब्राह्मण कन्या का पुत्र होना असम्भव नहीं, किन्तु स्वामी रामानन्द जी के आशीर्वाद की बात ब्राह्मण कन्या का कलंक मिटाने के उद्देश्य से ही पीछे से जोड़ी गई जान पड़ती है जैसे कि अन्य प्रतिभाशाली व्यक्तियों के सम्बन्ध में जोड़ी गई है।"[19] उन्होंने यह नहीं सोचा कि इस कथा का आधा अंश ही नहीं बल्कि यह पूरी की पूरी कथा ही मनगढ़न्त हो सकती है। असल में जिस समय में यह कथा घड़ी गई थी उस समय यह भी जरूरी था कि ब्राह्मण कन्या को रामानन्द के आशीर्वाद के कारण निष्कलंक भी घोषित किया जाए। बीसवीं शताब्दी में लिख रहे अपनी किताब में डॉ. श्याम सुन्दर दास ब्राह्मण कन्या पर इतना कलंक लगाना सह सकते थे। लेकिन चौदहवीं और पंद्रहवीं शताब्दियों में डॉ. श्याम सुन्दर दास इतने उदार भी नहीं बन सकते थे।

---

18. वही, प्रस्तावना, पृ.-18

19. वही, पृ.-18

डॉ. श्याम सुन्दर दास ने कबीर के विश्लेषण में अपनी हिन्दू मानसिकता को पूरी तरह उजागर कर दिया है जब उन्होंने कबीर को विचार के आधार पर हिन्दू रक्त का सिद्ध किया है। उन्होंने लिखा है कि "मुसलमान घर में पालित होने पर भी कबीर का हिन्दू विचारों में सराबोर होना उनके शरीर में प्रवाहित होने वाले ब्राह्मण अथवा कम से कम हिन्दू रक्त की ही ओर संकेत करता है।"[20] यह लिखते समय डॉ. श्याम सुन्दर दास को यह भी खयाल नहीं रहा कि आखिर वे उस हिन्दू रक्त की बात कर रहे हैं जिसने छुआछूत को जन्म दिया है और जिसके लिए उनका सिर शर्म से झुक जाना चाहिए था। यह कैसे हिन्दुत्व के गौरव की कैसी बेतुकी बात है कि कबीर उसी के कारण समाज में जुलाहे और अछूत कहे गए थे। कम से कम खुद कबीर को अपने ऐसे जन्म पर गौरव नहीं हो सकता था। वे अपने ऐसे ब्राह्मणी जन्म को सौ बार धिक्कारते। लेकिन कमाल यह है कि डॉ. दास ने कबीर के बारे में लिखा है कि "जान पड़ता है कि उन (कबीर) की हार्दिक इच्छा यही थी यदि मेरा ब्राह्मण कुल में जन्म हुआ होता तो अच्छा होता। पूर्व जन्म में अपने ब्राह्मण होने की कल्पना कर वे अपना परितोष कर लेते हैं।"[21] डॉ. दास ने एक पद की नीचे लिखी पंक्तियों को अप्रक्षिप्त रूप में कबीर की मान कर अपने तर्क के पक्ष में उद्धृत किया है—"पूर्व जनम हम ब्राह्मण होते औछे करम तप हीना : रामदेव की सेवा चूका पकर जुलाहा कीना।"[22]

अचरज की बात है कि डॉ. श्याम सुन्दर दास को इन पंक्तियों को प्रक्षिप्त कहने की नहीं सूझी। डॉ. विजेन्द्र नारायण सिंह ने भी 'कबीर साहित्य की प्रासंगिकता' नामक पुस्तक में संकलित अपने लेख 'व्यवस्था विरोधी स्वर और संत कबीर की भूमिका' में इन पंक्तियों को प्रक्षिप्त तो नहीं माना लेकिन उन्होंने इन पंक्तियों को कबीर के "महान साहित्य की क्षणिक विचलन भर"[23] कहने की ईमानदारी तो बरती है। उन्हें यह लगा कि ये पंक्तियाँ कबीर के चिन्तन से मेल नहीं खातीं। वास्तव में, ये पंक्तियाँ कबीर के नाम से किसी ब्राह्मण की रची हुई हैं। इन दो पक्तियों में कबीर के तमाम चिन्तन को समाप्त करने की कोशिश की गई है। यह अंश प्रक्षिप्त है यह इसी बात से सिद्ध हो जाता है कि राम को 'रामदेव' कहने की कबीर की भाषा और शैली नहीं हो सकती। उनका राम एक 'आतम राम' के सिवा बाकी सभी विशेषणों, उपसर्गों और प्रत्ययों के बिना का है।

डॉ. श्याम सुन्दर दास ने तर्क की अनिवार्य पूर्ति के लिए विरोधी लोगों की

---

20. वही, प्रस्तावना, पृ.-18-19
21. वही, पृ. - 19
22. वही, पृ. - 19
23. कबीर साहित्य की प्रासंगिकता, सम्पादक विवेक दास, कबीर वाणी प्रकाशन केन्द्र, सतगुरु कबीर मन्दिर, कबीर चौरा मठ, वाराणसी-1, 1978, पृ.-201

बात भी सामने रखी है। वे लिखते हैं--"कुछ लोग कबीर को नीरू और नीमा का औरस पुत्र मानते हैं, परन्तु इस मत के पक्ष में कोई ससार प्रमाण अब तक किसी ने नहीं दिया।"[24] इस उद्धरण में वे ऐसा मानते हैं मानो उन्होंने इसके पुष्ट प्रमाण दे दिए हैं कि कबीर नीरू और नीमा के पोष्य पुत्र थे। वे 'कहते हैं' से शुरू करके अन्त में उस पर अपनी मोहर लगा देते हैं। एक बार डॉ. श्याम सुन्दर दास ने अपने सिद्धान्त में यह लिख कर शंका भी प्रकट करनी चाही है–"परन्तु जौर खुदाई तुरक मोहि करता, आपै कटि किन जाई" से यह ध्वनित होता है कि वे मुसलमान माता-पिता की सन्तति थे।"[25] लेकिन उनकी इस शंका का कोई फायदा नहीं रह जाता जब वे अपना गपोड़ निर्णय निकालते हुए लिखते हैं–"सब बातों पर विचार करने से इसी मत के ठीक होने की अधिक संभावना है कि कबीर ब्राह्मणी या किसी हिन्दू स्त्री के गर्भ से उत्पन्न और मुसलमान परिवार में लालित-पालित हुए थे।"[26] डॉ. श्याम सुन्दर दास के इस बेतुके निर्णय में एक बात बड़ी अच्छी तरह से देखी जा सकती है कि उन्होंने कबीर को "ब्राह्मणी या किसी हिन्दू स्त्री के गर्भ से उत्पन्न" माना है। पूछा जा सकता है कि कबीर के जन्म के लिए डॉ. दास 'ब्राह्मणी' पर ही क्यों नहीं रुक गए थे। वे किसी हिन्दू स्त्री की सम्भावना तक क्यों गए हैं ? इसका कारण यह है कि डॉ. श्याम सुन्दर दास खुद ब्राह्मण नहीं थे। यदि वे ब्राह्मण होते तो अन्य ब्राह्मण लेखकों के समान कबीर के जन्म के लिए केवल ब्राह्मणी तक सीमित रहते। पर चूँकि वे स्वयं खत्री परिवार के थे इसलिए वे कबीर को जन्म दिलवाने के लिए अन्य हिन्दू स्त्री की सम्भावना तक गए हैं।

कबीर को हिन्दू सिद्ध करने के लिए डॉ. श्याम सुन्दर दास ने एक और रास्ता कबीर के गुरु को ले कर अपनाया है। इसमें भी उन्होंने कोई प्रमाण प्रस्तुत नहीं किए बल्कि सीधे किंवदन्ती का सहारा लिया है। वे लिखते हैं–"किंवदन्ती है कि जब कबीर भजन गा-गा कर उपदेश देने लगे तब उन्हें पता चला कि बिना किसी गुरु से दीक्षा लिए हमारे उपदेश मान्य नहीं होंगे क्योंकि लोग उन्हें निगुरा कह कर चिढ़ाते थे। लोगों का कहना था कि जिसने किसी गुरु से उपदेश ग्रहण नहीं किया वह औरों को क्या उपदेश देगा। अतएव कबीर को किसी को गुरु बनाने की चिन्ता हुई। कहते हैं, उस समय स्वामी रामानन्द जी काशी में सबसे प्रसिद्ध महात्मा थे। अतएव कबीर उन्हीं की सेवा में पहुँचे। परन्तु उन्होंने कबीर के मुसलमान होने के कारण उनको अपना शिष्य बनाना स्वीकार नहीं किया। इस पर कबीर ने एक चाल चली जो अपना काम कर गई। रामानन्द जी पंच गंगा घाट

24. कबीर ग्रन्थावली, सम्पादक डॉ. श्याम सुन्दर दास, नागरी प्रचारिणी सभा, वाराणसी, सातवाँ संस्करण, संवत् 2016, प्रस्तावना, पृ.-19

25. वही, पृ.-19-20

26. वही, पृ.-20

पर नित्य प्रति प्रातःकाल मुहूर्त में ही स्नान करने जाया करते थे। उस घाट की सीढ़ियों पर कबीर पहले ही से जा कर लेट रहे। स्वामी जी जब स्नान करके लौटे तो उन्होंने अंधेरे में इन्हें न देखा, उनका पाँव इनके सिर पर पड़ गया जिस पर स्वामी जी के मुँह से 'राम-राम' निकल पड़ा। कबीर ने चट उठ कर उनके पैर पकड़ लिए और कहा कि आप राम नाम का मंत्र दे कर आज मेरे गुरु हुए हैं। रामानन्द जी से कोई उत्तर देते न बना। तभी से कबीर ने अपने को रामानन्द का शिष्य प्रसिद्ध कर दिया।"[27]

डॉ. श्याम सुन्दर दास की परम्परा में इस बात को उर्वशी सूरती ने और भी काव्यात्मक बना कर रखा है। वे अपनी पुस्तक 'कबीर : जीवन और दर्शन' में लिखती हैं—"कबीर ने अपने आप में अभाव की ऐसी अकथनीय पीड़ा का अनुभव किया जिसकी पूर्ति संसार की किसी वस्तु से होना सम्भव न था। वे भगवद् प्रेमी सदगुरु की खोज में चल पड़े और स्वामी रामानन्द को गुरु रूप में प्राप्त करने के लिए अत्यन्त अधीर और व्याकुल हो उठे। उन्होंने सुन रखा था कि स्वामी रामानन्द निम्न जाति और मुसलमानों को अपने शिष्य रूप में स्वीकार नहीं करते। इससे वे बड़े असमंजस में थे और गुरु कृपा को सुलभ बना दें ऐसी किसी युक्ति की खोज में व्यस्त हो उठे। उन्होंने स्वामी रामानन्द के नित्य क्रम की जानकारी प्राप्त की। उन्हें उनके कृपालु कारुणिक हृदय का परिचय मिला और अपने हृदय में अत्यन्त दीन भाव धारण कर मन ही मन परमात्मा को निमित्त मान कर अपने भावी सदगुरु से प्रार्थना करने लगे—"हे गुरुदेव, मैं तो निस्साधन और हीन जाति का हूँ। आप गुरु हैं तो अपनी गुरुत्व का निर्वाह कर मुझे उबार लीजिए।" इस प्रार्थना से ही कबीर के चित्त को समाधान मिल गया। वे द्विधा मुक्त हो कर एक दिन प्रातःकाल पंच गंगा घाट की सीढ़ियों पर जा के लेट गए और गुरु की प्रतीक्षा बड़ी उत्कंठा से करने लगे। उनके मन में था कि "मैं सीधे-सीधे उनके पास जाऊँगा तो मुझे उनके चरण छूने का मौका न मिलेगा, अनजान में भी उनका चरण स्पर्श मिल जाए तो वही मेरे सारे साधन जुटा देगा। मैं अपनी भावना निवेदन कर क्षमा माँग लूँगा और जो प्रायश्चित्त बता देंगे कर लूँगा परन्तु मेरे गुरु तो वे ही होंगे। मैंने सुना है कि उनके चरण स्पर्श से ही परमात्मा की प्राप्ति हो जाती है, मैं इसके लिए सब कुछ करने को तैयार हूँ। क्या मेरा भाव देख कर भी वे द्रवित न होंगे। मुझ पर कृपा न करेंगे ? सुना तो है कि वे सबको भक्ति का अधिकारी मानते हैं।" ऐसे मन ही मन उधेड़-बुन करते हुए वे गुरु के पद स्पर्श की आशा में बड़ी आतुरता से अपने मन को लगाए हुए चुपचाप स्थिर लेटे रहे। सुबह चार बजे का समय था। उनके शरीर में गुरु चरणारविंद के स्पर्श की कल्पना से ही रोमांच हो आता था, गुरु कृपा के सौभाग्य की आशा में नेत्रों में आँसू छलक

---

27. वही, प्रस्तावना पृ.-20

आते थे। कबीर ने खड़ाऊँ की खट-खट सुनी। स्वामी रामानन्द सीढ़ियाँ उतरने लगे और अचानक 'राम-राम' बोलते हुए वहीं रुक गए। रामानन्द सोच रहे थे कि किसको मेरे पैरों की चोट लग गई ? परन्तु धन्यता की आनन्दानुभूति में कबीर उठ खड़े हुए। नतमस्तक हो कर कृपा के लिए प्रार्थना करते हुए बताया—"गुरु देव, मैं कबीर हूँ। आपकी शरण में आने के लिए यही एक उपाय था। अपराध क्षमा करेंगे।" स्वामी रामानन्द शिष्य हृदय की आर्त्तता और आतुरता को तत्क्षण समझ गए और 'राम' नाम की मंत्र दीक्षा दी।"[28]

डॉ. श्याम सुन्दर दास उन पहले हिन्दू लेखकों में से हैं जिन्होंने कबीर के बारे में ज्यादा से ज्यादा भ्रम फैलाने की शुरुआत की थी। एक तरह से इन्होंने नेतृत्व प्रदान करने का प्रयत्न किया था। बाद के सभी ब्राह्मणवादी हिन्दू लेखक इन्हीं के कथनों की लकीर पीटते रहे हैं। किंवदंतियों को इस प्रकार रखा गया है मानो वे शत-प्रतिशत सही हों। डॉ. दास अपनी प्रस्तावना में लिखते चले जाते हैं :

> "पर जब तक कोई विरुद्ध दृढ़ प्रमाण नहीं मिलते, तब तक हम इस लोक प्रसिद्ध बात को, कि रामानन्द जी कबीर के गुरु थे, बिल्कुल असत्य भी नहीं ठहरा सकते।"[29]
>
> "हो सकता है कि बाल्यकाल में बार-बार रामानन्द जी के साक्षात्कार तथा उपदेश श्रवण से⋯अथवा दूसरों के मुँह से उनके गुण तथा उपदेश सुनने से बालक कबीर के चित्त पर गहरा प्रभाव पड़ गया हो जिसके कारण उन्होंने आगे चल कर उन्हें अपना मानस गुरु मान लिया हो।"[30]
>
> "मुसलमान के घर में लालित-पालित होने पर भी उनका हिन्दू विचारधारा में आप्लावित होना उन पर बाल्यकाल ही से किसी प्रभावशाली हिन्दू का प्रभाव होना प्रदर्शित करता है।"[31]
>
> "इसके अनन्तर भी वे (कबीर) जीवन पर्यन्त राम नाम रटते रहे जो स्पष्टतः रामानन्द के प्रभाव का सूचक है। अतएव स्वामी रामानन्द को कबीर का गुरु मानने में कोई अड़चन नहीं है, चाहे उन्होंने स्वयं उन्हीं से मंत्र ग्रहण किया हो अथवा उन्हें अपना मानस गुरु बनाया हो।"[32]

---

28. कबीर : जीवन और दर्शन, उर्वशी सूरती, लोक भारती प्रकाशन, 15 ए, महात्मा गांधी मार्ग, इलाहाबाद-1, प्रथम संस्करण, 1980, पृ.-52-3
29. कबीर ग्रन्थावली, सम्पादक डॉ. श्याम सुन्दर दास, नागरी प्रचारिणी सभा, वाराणसी, सातवाँ संस्करण, संवत् 2016, प्रस्तावना, पृ.-21
30. वही, पृ.-21
31. वही, पृ.-21
32. वही, पृ.-23

"कबीर ने चाहे जिस प्रकार हो, रामानन्द से राम नाम की दीक्षा ली थी।"[33]

पूछा जा सकता है कि रामानन्द को कबीर का गुरु सिद्ध करने में डॉ. श्याम सुन्दर दास की इस लगातार रट का क्या मतलब है। रामानन्द यदि कबीर के गुरु थे तो थे–पर इस बात को एक बार कह कर क्यों नहीं रुका गया ? वास्तव में, इस पुनरुक्ति दोष में उनके मन का चोर बोल रहा है। उनकी रट से ऐसा लगता है कि जैसे खुद उन्हें अपनी बात पर विश्वास न हो रहा हो। वे इस बात को औरों को समझाने के लिए नहीं बल्कि इस झूठ को खुद अपने लिए ही बोलना सीख रहे थे। सौ बार एक झूठ को बोला जाए तो वह समाज के मनोवैज्ञानिक वातावरण में सच बन जाता है। डॉ. श्याम सुन्दर दास ने रामानन्द को कबीर का गुरु बना कर ही संतोष नहीं किया बल्कि उन्होंने अपनी काली-सफेद लेखनी से बाकायदा क़बीर को वैष्णव सिद्ध किया है। वे लिखते हैं–"यहाँ पर यह कह देना उचित जान पड़ता है कि कबीर सारतः वैष्णव थे। अपने आपको उन्होंने वैष्णव तो कहीं नहीं कहा है परन्तु वैष्णवों की जितनी प्रशंसा की है, उससे उनकी वैष्णवता का बहुत प्रमाण मिलता है।"[34] कबीर की बिना जाँची-परखी शाक्तों की बुराई की कई पंक्तियाँ उद्धृत करके आगे डॉ. दास ने निष्कर्ष निकाला है कि "शाक्तों की निंदा के लिए यह तत्परता उनकी वैष्णवता का ही फल है।"[35] अन्त में वे लिखते हैं कि "जो कुछ सन्देह उनकी वैष्णवता में रह जाता है, वह रामानन्द जी को गुरु बनाने की उनकी आकुलता से दूर हो जाना चाहिए।"[36]

डॉ. श्याम सुन्दर दास ने विचारों के आधार पर कबीर को हिन्दू माना है। यह तर्क उनका इस क्रम में है कि;

(i) कबीर ने हिन्दू धर्म और हिन्दुओं की मुसलमानों से रक्षा की;
(ii) कबीर ब्राह्मणी या किसी हिन्दू स्त्री के गर्भ से होने के कारण हिन्दू रक्त थे;
(iii) कबीर के गुरु ब्राह्मण रामानन्द वैष्णव थे;
(iv) और कबीर का हिन्दुओं के पुनर्जन्म के सिद्धान्त में गहरा विश्वास था।

ऊपर की चौथी बात के लिए डॉ. श्याम सुन्दर दास सिद्ध करने की कोशिश करते हैं कि कबीर मुसलमान या मुसलमानी सिद्धांतों से प्रभावित नहीं थे। कबीर के ईश्वर के सिद्धान्त के बारे में वे लिखते हैं–"कबीर की 'राम भावना' भारतीय ब्रह्म भावना से सर्वथा मिलती है। जैसा कि कुछ लोग भ्रमवश समझते हैं, वे बाह्यार्थवाद-

33. वही, प्रस्तावना, पृ.-28
34. वही, पृ.-14
35. वही, पृ.-14
36. वही, पृ.-14

मूलक मुसलमान एकेश्वरवाद या खुदावाद के समर्थक नहीं थे।"[37] पुनर्जन्म के बारे में डॉ. श्याम सुन्दर दास लिखते हैं–"हिन्दुओं का जन्म-मरण सम्बन्धी सिद्धान्त वे (कबीर) मानते हैं। मुसलमानों की तरह वे एक ही जन्म नहीं मानते।''' सिद्धान्त रूप से वे अनेक जन्म मानते हैं–'जन्म अनेक गया अरू आया।' इस जन्म में जो कुछ भोगना पड़ता है वह पूर्व जन्म के कर्मों का ही फल है–'देखो कर्म कबीर का कछु पूरब जन्म का लेखा।"[38]

पुनर्जन्म के सिद्धान्त में विश्वास करवा कर डॉ. श्याम सुन्दर दास ने कबीर के दर्शन को पूरा हलाल कर दिया है। अब वे कबीर के दर्शन को जैसा चाहे इस्तेमाल कर सकते हैं। लेकिन डॉ. दास को लगा कि कबीर के दर्शन का अभी भी कुछ मांस अनपका रह गया है। इसलिए उन्होंने वेदों को बचाते हुए कबीर की समीक्षा इन शब्दों में की है–"कबीर बहुश्रुत थे। सत्संग से वेदान्त, उपनिषदों और पौराणिक कथाओं का थोड़ा बहुत ज्ञान उनको हो गया था। वेदों का उन्हें कुछ भी ज्ञान न था। उन्होंने वेदों की जो निन्दा की है, वह यह समझ कर कि पंडितों में जो पाखंड फैला हुआ है, वह वेद ज्ञान के कारण ही है।"[39] लेकिन इस सारे प्रयत्न के बावजूद डॉ. श्याम सुन्दर दास के कबीर के हिन्दू मूल्यांकन में कुछ कबाब की हड्डियाँ बची ही रहती हैं। उन्हें अच्छी तरह मालूम है कि कबीर में और हिन्दू वैष्णवों में भेद अवश्य है। लेकिन इस भेद को वे बड़ी चतुराई से उदार बन कर छिपाना चाहते हैं। वे लिखते हैं–"अन्य वैष्णवों में और उन (कबीर) में जो भेद दिखाई देता है उसका कारण, जैसा कि हम आगे चल कर बतावेंगे, उनके सिद्धान्त और व्यवहार में भेद न रखने का फल है।"[40] इस बारे में जो उन्होंने आगे चल कर बताया है वह इस प्रकार है–' 'परन्तु कबीर के राम रामानन्द के राम से भिन्न थे। वे 'दुष्टदला रघुनाथ' नहीं थे जिनके सेवक"अंजनि पुत्र महा बलदायक, साधु सन्त पर सदा सहायक थे। राम से उनका अभिप्राय कुछ और ही था"[41] और अन्त में कोई चारा न रहते डॉ. श्याम सुन्दर दास को अपनी लेखनी से असली बात उगलनी ही पड़ी है जब वे अपनी इसी पुस्तक में लिखते हैं–"सिद्धान्त और व्यवहार में, कथनी और करनी में भेद रखना कबीर के स्वभाव के प्रतिकूल है। वैष्णवों में सदा से सिद्धान्त और व्यवहार में भेद रहा है।"[42]

---

37. वही, पृ.-28
38. वही, पृ.-39
39. वही, पृ.-4
40. वही, पृ.-14
41. वही, पृ.-28
42. वही, पृ.-5

डॉ. श्याम सुन्दर दास के इसी कथन को थोड़ी जिम्मेदारी से लिया जाए। कबीर की हिन्दुओं की इसी बात से तो असली लड़ाई है। कबीर वैष्णवों की इसी प्रवृत्ति को "मुँह में राम और बगल में छुरी" रखने वाली बात मानते हैं। इस प्रकरण को लेकर 'कबीर ग्रन्थावली' में पृथक रूप से एक 'कथनी और करनी को अंग' लिखा गया है। इससे वैष्णव झूठे भी सिद्ध होते हैं। उस आदमी को ज्ञान दिया जा सकता है जो अज्ञानी है लेकिन यहाँ वैष्णव सब कुछ जान कर भी मगरा बनता है। वह ज्ञान और सिद्धान्त का इस्तेमाल झूठ बोलने के लिए करता है। उस सैद्धान्तिक आदमी से ज्यादा सावधान रहने की जरूरत नहीं है जो जैसा कहता है वैसा ही करता है। लेकिन कबीर के सामने जो वैष्णव खड़ा है वह कहता कुछ और है और करता कुछ और है। तत्त्व चिन्तन की दार्शनिक दुनिया में इससे बड़ा अपराध और क्या होगा कि वैष्णव के रूप में हिन्दू दार्शनिक झूठ बोलता है। एक व्यक्ति जो सिद्धान्त में यह मानता है कि मनुष्य और मनुष्य में कोई भेद नहीं है वही व्यक्ति व्यवहार में मनुष्य और मनुष्य के बीच छुआछूत मानता है। इस प्रकार कबीर का विरोधी वैष्णव भोला नहीं है बल्कि चालाक और झूठा है। वास्तव में, सही बात को कहने के लिए यहाँ सिद्धान्त और व्यवहार तथा कथनी और करनी के अन्तर के चिकने-चुपड़े शब्दों का प्रयोग भी नहीं किया जाना चाहिए। ऐसे दर्शन को अभिधा के सीधे शब्दों में झूठा और बेईमान कहा जाना चाहिए।

3

डॉ. श्याम सुन्दर दास हिन्दी के उन आदि आलोचकों में से हैं जिन्होंने कबीर के काव्य की समीक्षा करने में अपनी कलम चलाई है। यह एक महत्त्वपूर्ण बात होती है कि किसी काम की शुरुआत कैसी हुई है। आरम्भ में अयोध्या सिंह उपाध्याय हरिऔध और श्याम सुन्दर दास ने जो लिख दिया है बाद में उन्हीं बातों को तूल दी जाती रही है। यह भी एक विचारणीय प्रश्न है कि इन दोनों आलोचकों की पुस्तकें काशी नागरी प्रचारिणी सभा से एक योजना के अन्तर्गत प्रकाशित हुई थीं। ऐसा नहीं लगता कि इनकी पुस्तकों में दिए गए विचार केवल इन्हीं के हैं। यह एक संस्था का कार्य था और इसमें संस्था के दिमाग ने भी काम किया है। इसमें यहाँ तक कहा जा सकता है कि ये लेख सभा ने इन लेखकों को सिनाप्सिस अर्थात् रूपरेखा दे कर लिखवाए हैं। हर संस्था का एक उद्देश्य होता है। काशी नागरी प्रचारिणी सभा का उद्देश्य भी मात्र नागरी लिपि का प्रचार करना नहीं था।

यह खोजने की बात है कि क्या काशी नागरी प्रचारिणी सभा ने डॉ. श्याम सुन्दर दास को कबीर ग्रन्थावली का सम्पादन करने के लिए ऐसे निर्देश दिए थे कि कबीर को हिन्दू के रूप में पेश करो और सूर और तुलसी के मुकाबले में अधिक

महत्त्व भी न दो। कुछ भी हो, डॉ. श्याम सुन्दर दास ने काम ऐसा ही किया है।

कबीर को महत्त्व न देने का मौका डॉ. श्याम सुन्दर दास को कबीर की भाषा का निर्णय करने में मिलता है। उन्होंने कबीर की भाषा पर निम्नलिखित टिप्पणियाँ की हैं :

1. (कबीर) की अटपट वाणी हृदय में चुभने वाली है।[43]
2. कबीर की भाषा का निर्णय करना टेढ़ी खीर है क्योंकि वह खिचड़ी है।[44]
3. कबीर में केवल शब्द ही नहीं क्रियापद कारक चिह्नादि भी कई भाषाओं के मिलते हैं।[45]
4. कबीर पढ़े-लिखे नहीं थे इसी से बाहरी प्रभावों के बहुत अधिक शिकार हुए। भाषा और व्याकरण की स्थिरता उनमें नहीं मिलती।[46]
5. इसके अतिरिक्त उनकी भाषा में अक्खड़पन है और साहित्यिक कोमलता या प्रसाद का सर्वथा अभाव है।[47]
6. कहीं-कहीं उनकी भाषा बिलकुल गँवारू लगती है।[48]
7. तुलसी और सूर कविता के साम्राज्य में सर्व सम्मति से और सब कवियों की पहुँच के बाहर है।[49]

कबीर की भाषा और उनके साहित्य के बारे में यह एक डॉ. श्याम सुन्दर दास की बात नहीं है। अयोध्या सिंह उपाध्याय हरिऔध ने भी इसी प्रकार लिखा है :

1. कबीर साहब के ग्रन्थों का आदर कविता दृष्टि से नहीं, विचार दृष्टि से है।[50]
2. कहीं-कहीं उनकी भाषा में कुछ गँवारूपन आ जाता है। पर उसमें उद्दण्ता की मात्रा अधिक होती है।[51]
   (मिश्र बन्धु विनोद से उद्धृत)

डॉ. हजारी प्रसाद द्विवेदी भी कबीर की भाषा की प्रशंसा नहीं कर रहे हैं जब

---

43. वही, पृ.-57
44. वही, पृ.-57
45. वही, पृ.-58
46. वही, पृ.-59
47. वही, पृ.-60
48. वही, पृ.-60
49. वही, पृ.-61
50. कबीर वचनावली, अयोध्या सिंह उपाध्याय हरिऔध, नागरी प्रचारिणी सभा, काशी, 11वाँ संस्करण, संवत् 2015, पृ.-31
51. वही, पृ.-33

वे लिख रहे हैं–"भाषा पर कबीर का जबर्दस्त अधिकार था। वे वाणी के डिक्टेटर थे। जिस बात को उन्होंने जिस रूप में प्रकट करना चाहा है उसे उसी रूप में भाषा से कहलवा लिया है–बन गया है तो सीधे-सीधे नहीं तो दरेरा दे कर।"[52] इस क्रम में डॉ. द्विवेदी आगे लिखते हैं–"भाषा कुछ कबीर के सामने लाचार सी नजर आती है। उसमें मानो ऐसी हिम्मत ही नहीं है कि इस लापरवाह फक्कड़ की किसी फरमाइश को नाहीं कर सके।"[53]

आलोचना में डॉ. श्याम सुन्दर दास द्वारा कबीर की वाणी को अटपटी कहना सुना जा सकता है पर वह उन्हें चुभने वाली क्यों हो गई है ? यदि कबीर की वाणी भाषा की दृष्टि से मात्र अटपटी होती तो उसे चुभने वाली भी होने की जरूरत नहीं थी। वह केवल काव्य दोष की श्रेणी में आ जाती। ऐसे काव्य दोष सभी महाकवियों की भाषा में कम या ज्यादा मिल जाते हैं। वैसे साहित्यिक दोष चुभा नहीं करते। वास्तव में, कबीर की वाणी में द्विज लेखकों को जो चुभता है वह कबीर का कथ्य है। यह एक डॉ. श्याम सुन्दर दास को ही नहीं बल्कि उनकी मान्यता के सुकवि तुलसीदास को भी चुभा था। उन्होंने कबीर को नहीं बल्कि कबीर की परम्परा के सारे कवियों को 'अधम नर' सम्बोधित करके लिखा है :

> कहहिं-सुनहिं अरू अधम नर, गुरु जे मोह-पिशाच।
> पाखंडी हरिपद-विमुख जानहिं झूठ न साँच।[54]

पूछा जा सकता है कि इस दोहे में क्या कबीर इस वजह से 'अधम नर' की श्रेणी में आते हैं कि उन्होंने अपनी भाषा में रस, छन्द और अलंकार का ध्यान नहीं रखा है या इस वजह से कि वे निर्गुण सन्तों की कोटि में आते हैं ? तुलसी के इस दोहे का अर्थ संदर्भ सहित ठीक-ठीक समझने पर यही कहा जाएगा कि कबीर को निर्गुण मत का होने के कारण ही 'अधम नर' कहा गया है। इस दोहे के अर्थ के अनुसार वे कितनी भी कोमल भाषा का प्रयोग करते, उन्होंने ऐसा किया भी है, परन्तु क्योंकि वे निर्वर्ण समुदाय के प्रवर्तकों में से हैं इसलिए उनका साहित्य अधम श्रेणी का ही रहेगा। इस प्रकार, जब डॉ. श्याम सुन्दर दास कबीर के काव्य को उच्च कोटि का नहीं मानते तो उसमें कोई नई बात नहीं है। इन्होंने तो केवल तुलसीदास की परम्परा को निभाया भर है। इसलिए उन्हें कबीर की वाणी में जो अटपटापन दिखा है वह काव्य मूल्यों के बजाय निर्वर्ण सम्प्रदाय के कथ्य की वजह से चुभने वाला अधिक हो गया है। ब्राह्मणवादी चिन्तकों के लिए कबीर के साहित्य की

52. कबीर : डॉ. हजारी प्रसाद द्विवेदी, हिंदी ग्रंथ रत्नाकर कार्यालय, बम्बई-4, तृतीय परिवर्धित संस्करण, जुलाई 1950, पृ.-217

53. वही, पृ.-217

54. वही, पृ.-118

यही कसौटी है। यदि ब्राह्मणवादी पक्षधरों के लिए कबीर की वाणी अटपटी है और चुभती है तो तभी वह कबीर की वाणी है। एक नियम निकाला जा सकता है कि ब्राह्मणवादियों को कबीर के जो पद न चुभें तो समझो कि वे कबीर के पद नहीं हैं।

यदि कबीर की वाणी सचमुच में अटपटी है तो पहले यह जान लिया जाए कि कबीर की भाषा कौन सी है। इसका सबसे पहला उत्तर यह है कि कबीर की भाषा संस्कृत नहीं है। इतना ही नहीं बल्कि उनकी भाषा संस्कृत से निकली हुई भी कोई भाषा नहीं है। उनकी भाषा गैर-संस्कृत खेमे की भाषा है। यहाँ यह बात भी कहने योग्य है कि उनकी भाषा अवधी और ब्रज भी नहीं थी। उनकी मातृ भाषा जो भी सिद्ध हो पर उनकी वह मातृ भाषा भी उनके जन्म के क्षेत्र के द्विजों की मातृ भाषा और साहित्यिक भाषा नहीं थी। कारण स्पष्ट है कि द्विजों की अवधी और ब्रज भाषाएँ अपनी साहित्यिकता में संस्कृत से प्रभावित हो गई थीं लेकिन इन क्षेत्रों के दलित समाज की अवधी और ब्रज़ भाषाएँ संस्कृत से प्रभावित नहीं थीं।

क्या कबीर की भाषा में रस, छन्द और अलंकार की कमी है जो उसे अटपटी कहा गया हैं ? इस प्रश्न का उत्तर 'हाँ' में देने वालों को पता होना चाहिए कि हर भाषा के रस, छन्द और अलंकार अलग होते हैं। संस्कृत की परिपाटी के रस, छन्द और अलंकार कबीर की गैर-संस्कृत भाषा पर नहीं लादे जा सकते। कबीर की भाषा के काव्य को उनकी भाषा के मिजाज के अनुरूप ही देखा जाना चाहिए।

पहले छन्द की ही बात ले ली जाए। क्या यह बात किसी भी तरह से उचित है कि अरबी भाषा के छन्द को संस्कृत के छन्द की कसौटी पर कसा जाए ? क्या अंग्रेजी के छन्द संस्कृत में ज्यों के त्यों अनुवाद किए जा सकते हैं ? इन प्रश्नों की पृष्ठभूमि में यह बात अच्छी तरह समझी जा सकती है कि हिन्दी साहित्य के इतिहास में पिछले एक सौ वर्षों से यह मान्यता रही थी कि खड़ी बोली में कविता लिखना असम्भव है। हिन्दी साहित्य के इतिहास में यह विचित्र और सारहीन तर्क देखा जा सकता है कि खड़ी बोली कविता के लिए सर्वथा अनुपयुक्त है। इसमें विचारणीय बात यह है कि यहाँ किसी एकाध कवि के बारे में नहीं कहा जा रहा है कि वह अच्छी कविता नहीं लिख सकता बल्कि पूरी एक भाषा को कविता के लिए अयोग्य घोषित किया गया था।

इस बात के कौन से भाषा वैज्ञानिक कारण हो सकते हैं कि कोई भाषा कविता के लिए अनुपयुक्त है ? इसका एक कारण यह हो सकता है कि किसी भाषा और कविता के मानदण्डों में अन्तर है। इसका मतलब यह है कि किसी एक भाषा पर दूसरी भाषा के काव्य मूल्यों को थोपा जा रहा है। भाषा अरबी हो और काव्य के मानदण्ड अंग्रेजी के हों तो फिर यह कैसे ठीक कहा जा सकता है कि अरबी भाषा में काव्य नहीं लिखा जा सकता ? बिलकुल नजदीक आ कर कहा जाए कि भाषा खड़ी बोली हो और काव्य के मानदण्ड अवधी और ब्रज के हों तो यही कहा जा

सकता है कि—"अन्धा गाए, बहरा बजाए, ताल कहाँ से आए ?" हम बिलकुल अपनी मूल समस्या पर आ जाएँ—भाषा कबीर की और काव्य के मानदण्ड भामह, दंडी, वामन, रुद्रट, आनन्दवर्धन, कुंतक और मम्मट की संस्कृत भाषा के ? फिर, कबीर की भाषा के बारे में कुछ भी कहा जा सकता है—ऐसी स्थिति में गलत निष्कर्ष ही निकलते हैं।

हर भाषा का अपना एक भाषाई संस्कार होता है। उसकी आवश्यकता के अनुसार उसके अपने रस, छन्द और अलंकार होते हैं। कबीर की भाषा को अटपटी कहने के बजाय क्या कभी हिन्दी साहित्य के किसी समीक्षक ने यह जानने की कोशिश की कि कबीर की भाषा में से कबीर की भाषा के रस, छन्द और अलंकार खोज लिए जाएँ ? लेकिन यह काम न करके कबीर के समीक्षकों ने संस्कृत के काव्य की कसौटी पर कस कर कबीर की भाषा को अटपटी कह कर एक साहित्यिक गाली दी है। क्या उन्हें मालूम नहीं कि जब संस्कृत की परम्परा के द्विज साहित्यकारों को खड़ी बोली में काव्य रचना करने की ऐतिहासिक मजबूरी आ पड़ी तो उन्होंने सबसे पहले खड़ी बोली में संस्कृत भाषा के वार्णिक छन्द अपनाए थे ? यह प्रयास हरिऔध से ले कर मैथिलीशरण गुप्त तक के सभी कवियों ने किया था। लेकिन अन्त में जो हुआ वह छन्दों की दुनिया में विस्फोट से कम नहीं था। इन आधुनिक कवियों ने यह कहने के बजाय कि खड़ी बोली वार्णिक छन्द के अनुपयुक्त है, यह कहना शुरू किया कि खड़ी बोली के लिए वार्णिक छन्द बेकार की चीजें हैं। इसके बाद खड़ी बोली के मात्रिक छन्द को ले कर प्रचुर मात्रा में काव्य लिखा गया। इसलिए समीक्षकों को चाहिए कि किसी भाषा को छोटी और अयोग्य कहने के बजाय उस भाषा के काव्य मूल्यों को ढूँढ़े।

ऊपर के तर्क के बाद कहा जा सकता है कि कबीर की भाषा उसी खड़ी बोली के आदिम रूप के नजदीक पड़ती है जो आधुनिक काल में भी सौ-डेढ़ सौ वर्षों तक काव्य के लिए अनुपयुक्त घोषित की जा रही थी। इसलिए जब कबीर की भाषा का आधुनिक रूप भी संस्कृत के काव्य-मूल्य के अनुपयुक्त बताया गया था तो यह समझना मुश्किल नहीं रह जाता कि कबीर की भाषा को अटपटी क्यों कहा गया था। यह बताया जा सकता है कि कबीर का सारा साहित्य गेय है। उन्होंने अपने हर पद और हर साखी को इकतारे पर गाया था। इसलिए उनकी गेय भाषा को डॉ. श्याम सुन्दर दास द्वारा अटपटी कहा जाना उचित नहीं है। दिमाग में संस्कृत के, अवधी के और ब्रज के काव्य साँचे ले कर जो लोग कबीर के साहित्य को पढ़ना चाहते हैं, उनके लिए बेहतर यह है कि वे उनके साहित्य को न पढ़ें अन्यथा उन्हें निराशा ही हाथ लगेगी। अनाधिकारियों को कबीर के साहित्य का रसास्वादन दुर्लभ है। दुःख की बात है कि ऐसे समीक्षक तुलसीदास की "ढोल गँवार शूद्र पशु नारी" जैसी पंक्तियों को अटपटी, अक्खड़ और चुभने वाली नहीं कह सकते।

कबीर ने वह भाषा बोलनी चाही थी जो उनके दलित समाज में दूर-दूर तक समझी जा सके। उस भाषा का प्रचार उत्तर भारत के दलितों में कबीर से पहले रहा था। उन्होंने उस भाषा को अपने काव्य में ले कर और अधिक विकसित किया था। उस प्रयास में थोड़ी-बहुत न्यूनता रह जाए तो वह शोर मचा कर गाने-बजाने की चीज नहीं थी। आखिर, कबीर मध्यकाल के वे शलाका पुरुष थे जिन्होंने खड़ी बोली को आधुनिक संविधान में लिखवा कर भारत में केन्द्र सरकार की राजभाषा बनवाया है। इस कार्य में सूर की ब्रज और तुलसी की अवधी का कोई योगदान नहीं है।

किसी साहित्यकार की भाषा को अटपटी, अक्खड़ और चुभने वाली कहा जा सकता है पर उस कहने का कोई आधार होना चाहिए। कोई भाषा अटपटी तब कही जाएगी जब उसमें उसके मिजाज के व्याकरण का प्रयोग नहीं किया जाएगा। अक्खड़पन को बदतमीजी ही कहा जाना चाहिए। चुभने वाली होने का मतलब है कि वह बात असरदार भी है। यदि कबीर की भाषा की आलोचना केवल भाषा को आधार बना कर की जाए तो उस पर उसमें गौर की जा सकती है। लेकिन हुआ यह है कि कबीर की भाषा की आलोचना समाज के आधार पर हुई है। जब दो समाजों में युद्ध हो रहा हो तो उसमें युद्ध की भाषा बोली जाती है। कबीर को मालूम था कि ब्राह्मणवाद ने वैदिक काल से ही शूद्रों और अछूतों के दलित समाज के विरुद्ध धर्म ग्रन्थों में लिख कर अपना युद्ध छेड़ रखा है। कबीर ने इस युद्ध का जवाब युद्ध की शैली में दिया है। यदि कबीर ने 'पंडित वाद बदन्ते झूठा'[55] या 'पांडे, कौन कुमति तोहि लागी'[56] के कुछ वाक्य लिख दिए हैं तो क्या कबीर इसी कारण साहित्यिक जगत में मुँह दिखाने लायक नहीं रह जाते ? पर क्या 'व्यास स्मृति' की नीचे लिखी पंक्तियाँ बहुत सभ्य और साहित्यिक कही जाएँगी ? क्या ये इसी लिए सभ्य कही जाएँगी कि ये संस्कृत में लिखी हुई हैं और आम जनता की समझ में नहीं आतीं ? श्लोकों की पंक्तियाँ इस प्रकार हैं :

> वर्द्धकी नापितो गोप आशाद्यः कुम्भ कारकः।।
> वणिक्किरातकायस्थमालाकार कुटुम्बिनः।
> वरटो मदेचण्डालदासश्वपचकोलकाः।।
> एतेऽन्त्यजाः समाख्याता ये चान्ये च गवाशनाः।
> एषां सम्भाषणात् स्नानं दर्शनादर्कवीक्षणम्।।
>
> (अध्याय-1, श्लोक 10-12)

55. कबीर ग्रन्थावली (संजीवनी व्याख्या सहित), सम्पादक एवं भाष्यकार, डॉ. भगवत स्वरूप मिश्र, विनोद प्रकाशन मन्दिर, हास्पिटल रोड, आगरा-3, तृतीय संस्करण, 1977, पद-40, पृ.-244
56. वही, पद-39, पृ.-244

(बढ़ई, नाई, ग्वाला, आशाप, कुम्हार, वणिक, किरात, कायस्थ, माली और कुटुम्बी, वरट, मेद, चण्डाल, श्वपच और कोलक, और जो गउओं का भक्षण करने वाले हैं–ये सब अन्त्यज (नीच जाति) कहे गए हैं। इनके साथ वार्तालाप करके स्नान करें और इनका दर्शन होने पर सूर्य का दर्शन करें।''[57]

देखा जा सकता है कि संस्कृत के इन श्लोकों में कितनी जातियों को एक साथ गालियाँ दी गई हैं। यहाँ पर ध्यान देने योग्य बात यह है कि इनमें किसी व्यक्ति का अपमान नहीं है बल्कि खुली छूट ले कर पूरी की पूरी जातियों को अपमानित किया गया है जो करोड़ों लोगों से मिल कर बनती हैं। यदि कबीर ने इन जातियों को इकट्ठी करने का बीड़ा उठाया था तो इसमें बुरा क्या था ?

ऐसे ही कबीर ने 'ब्राह्मण कीन्ह कौन को काजा'[58] अपने आप नहीं कह दिया है। यह उनसे एक जिम्मेदार समाज दार्शनिक के नाते हिन्दू धर्म के ग्रन्थों के असभ्य श्लोकों ने कहलवाया है। आखिर इस व्यास स्मृति के लेखक को यह लिखने की क्या जरूरत थी कि–

''माता पित्रोः परं तीर्थं गंगा गावो विशेषतः।
ब्राह्मणात् परमं तीर्थं न भूतं न भविष्यति।।

(अध्याय-चतुर्थ, श्लोक-12)

(माता पिता से गंगा और विशेष रूप से गउएँ बड़ा तीर्थ हैं, परन्तु ब्राह्मण से बढ़ कर बड़ा तीर्थ न हुआ है और न होगा)''[59]

आखिर, इस स्मृतिकार का क्या बैठे बिठाए सिर खुजला रहा था ? क्या इसके लिए उससे किसी ने पूछा था ? फिर, क्या यह कथन किसी गैर-ब्राह्मण का है ? यदि नहीं तो गैर-ब्राह्मण ब्राह्मणों की सर्वोपरिता को क्यों मानेंगे ? इस श्लोक में ब्राह्मण ने खुद अपनी प्रशंसा आप की है। यह अपने मियां मिट्ठू बनने वाली बात है। पर जब कबीर इन श्लोकों का विरोध शक्तिशाली और असरदार भाषा में करते हैं तो ब्राह्मणी परम्परा का समीक्षक परेशान हो उठता है। वह अपने आपको सर्वश्रेष्ठ सिद्ध करके लड़ाई मोल लेता है और फिर दूसरों को अनपढ़, अटपटे, अक्खड़ और चुभने वाली बात कहने वाले कह कर साहित्यिक जगत में बदनाम करता है।

---

57. अष्टादश स्मृति (भाषा टीका सहित), मूल लेखक मिहर चन्द, संशोधक तथा परिवर्धक, नाम शरण सिंह, नाग प्रकाशन, 11 ए/यू. ए. जवाहर नगर, दिल्ली-7, 1990, पृ.-417-18

58. कबीर बीजक, प्रस्तुतकर्ता डॉ. सुकदेव सिंह, नीलाभ प्रकाशन, 5 खुसरो बाग रोड, इलाहाबाद, प्रथम संस्करण, 1972, रमैनी-14, पृ.-85

59. अष्टादश स्मृति (भाषा टीका सहित), मूल लेखक मिहर चन्द, संशोधक तथा परिवर्धक, नाम शरण सिंह, नाग प्रकाशन, 11 ए/यू. ए. जवाहर नगर, दिल्ली-7, 1990, पृ.-444

जहाँ तक सही भाषा के प्रयोग करने का सवाल है, उसमें सभी लेखकों को थोड़ी-बहुत परेशानी हुआ करती है। फिर यदि कोई ऐसी भाषा में लिख रहा है जो उसकी मातृभाषा नहीं होती तो उसकी कठिनाई और भी बढ़ जाती है। लेकिन इसमें उन लेखकों की भाषा में ज्यादा अटपटापन आता है जो किसी शास्त्रीय भाषा का व्याकरण उस भाषा पर थोपते हैं जिसमें वे लिख रहे हैं और जिनमें से कोई सी भाषा उनकी मातृभाषा नहीं होती। उदाहरण के रूप में खड़ी बोली हिन्दी में संस्कृत भाषा का व्याकरण प्रयोग करने से जो अटपटापन आता है वह डॉ. हजारी प्रसाद द्विवेदी की पुस्तक 'कबीर' में देखा जा सकता है। कुछ उद्धरण नीचे दिए जा रहे हैं :

1. अप्रासंगिक होने पर भी यहाँ स्मरण **करा दिया जा सकता** है बीजक का पाठ भी आँख मूँद कर **नहीं ग्रहण करना** है।[60]
2. परन्तु यह **बात अच्छी तरह से समझ लेना चाहिए** कि अतिशयोक्ति अलंकार की शैली पर कहे जाने पर भी वे स्वयं अतिशयोक्ति अलंकार नहीं हैं।[61]
3. वे विद्वान और समर्थ भी हैं। निश्चय ही वे इस शंका का **जवाब दे लेंगे।**[62]
4. कहा गया है कि मनुष्य जब जान जाएगा कि वह क्या है, और **उसके आत्मा का बड़े आत्मा से**—अर्थात् परमात्मा से क्या सम्बन्ध है तो वह छूट जाएगा।[63]
5. बार बार 'दशरथ सुत' 'नृपसुत' 'नृप तनय', 'कोउ आना', आदि पद अचानक नहीं आ गए हैं, जानबूझ कर और सोच समझ कर ले **आये गये हैं।**[64]
6. उनके देवता तैंतीस करोड़ सिंहासनों में से किसी एक को दखल करके **बैठ जाते रहे हैं** और पुराने देवताओं के समान ही श्रद्धा भाजन **बन जाते रहे हैं।**[65]
7. फागुन की ऋतु नजदीक आ जाती है, प्रियतम के रंग डालने से अपने आपको **भूल गया हुआ भक्त** व्याकुल भाव से सोचने लगता है—हाय, वह सुख फिर क्या मिल सकेगा ?[66]

---

60. कबीर, डॉ. हजारी प्रसाद द्विवेदी, हिन्दी ग्रन्थ रत्नाकर कार्यालय, बम्बई-4, तृतीय परिवर्धन संस्करण, जुलाई 1950, पृ.-89
61. वही, पृ.-99
62. वही, पृ.-113
63. वही, पृ.-99
64. वही, पृ.-119
65. वही, पृ.-170
66. वही, पृ.-178

8. ··· वह फाग साधारण फाग नहीं है। इस पृथ्वी पर उसकी तुलना में कोई फाग **खड़ी ही नहीं हो सकती**।[67]

9. सोहाग घर धूप के **धुआँ से धूसर** हो उठा है।[68]

और डॉ. हजारी प्रसाद द्विवेदी की बात क्या, खुद डॉ. श्याम सुन्दर दास की 'कबीर ग्रन्थावली' में अटपटी भाषा का प्रयोग देखा जा सकता है—

10. यदि वे यह कार्य न करते तो मुझे बहुत कुछ **कठिनता** का सामना करना पड़ता।[69]

इन उद्धरणों में सारे रेखांकित शब्द और वाक्य पद 'करा दिया जा सकता है', 'नहीं ग्रहण करता है', 'यह बात अच्छी तरह से समझ लेना चाहिए', 'जवाब दे लेंगे', 'उसके आत्मा का बड़े आत्मा से', 'ले आए गए हैं', 'बैठ जाते रहे हैं', 'बन जाते रहे हैं', 'भूल गया हुआ भक्त', 'फाग खड़ी ही नहीं हो सकती', 'धुँआ से' और 'कठिनता' खड़ी बोली हिन्दी के मिजाज में अटपटे हैं और ठीक नहीं बैठ रहे हैं। यदि संस्कृत व्याकरण के अनुसार 36 प्रकार की क्रियाएँ बनती हैं तो हिन्दी में उतनी नहीं बनतीं। हिन्दी में क्रियाओं के कम रूपों में ही बात पूरी हो जाती है।

---

67. वही, पृ.-179
68. वही, पृ.-201
69. कबीर ग्रन्थावली, सम्पादक डॉ. श्याम सुन्दर दास, नागरी प्रचारिणी सभा, वाराणसी, सातवाँ संस्करण, संवत 2016, पृ.-6

अध्याय—4

आचार्य रामचन्द्र शुक्ल का कबीर पर वार

आचार्य रामचन्द्र शुक्ल कबीर से सीधे नहीं टकराए। एक बार भी उन्होंने कबीर पर आमने-सामने का प्रहार नहीं किया। वे कबीर से किसी की ओट ले कर लड़ते हैं। उनका आक्रमण घातक होता है पर वे ऐसा किसी अन्य की तुलना में ही कर पाते हैं। इसके लिए उनके साहित्य के इतिहास कोश में एक तुलसी थे जिनकी प्रशंसा के बहाने उन्होंने अप्रत्यक्ष रूप में कबीर की निन्दा कर डाली है। लेकिन शुक्ल का मन जायसी के बहाने कबीर का अनादर करने से अच्छी तरह भर सका है। असल में, उन्होंने जायसी को कबीर की टक्कर में ही खड़ा किया है। वैसे उनका जायसी से कुछ लेना-देना नहीं था, जायसी भी उनके लिए मुसलमान थे। लेकिन दो विरोधियों में से एक को चुनने की ऐतिहासिक अनिवार्यता बनने पर उन्होंने कबीर के मुकाबले जायसी को चुन लिया है। इस युद्ध नीति में उन्होंने जायसी के प्रति बहुत सम्मान प्रकट नहीं किया और ऐसा वे अपने छूत वंशी संस्कारों के कारण कर भी नहीं सकते थे। लेकिन उन्होंने जायसी को अपनी राम कथा का विभीषण अवश्य बना लिया है। वे जायसी की वहीं तक प्रशंसा करते हैं जहाँ तक उन्हें कबीर की निन्दा करनी होती है, इसके बाद जब उनका जी चाहता है वे तुलसी के मुकाबले में जायसी को छोटा सिद्ध कर देते हैं। वे कबीर को जायसी से पिटवाते हैं और जायसी को तुलसी से रुँदलवा देते हैं। जायसी से उनका इतना ही प्रयोजन सधना था। यह बात उनकी 'जायसी ग्रन्थावली' के सम्पादन में देखी जा सकती है।

शुक्ल ने 'जायसी ग्रन्थावली' के सम्पादन की कहानी बताते हुए लिखा है कि यह काम उन्हें काशी नागरी प्रचारिणी सभा ने सौंपा था। लेकिन इस कहानी में जानने की विशेष बात यह है कि इस सभा ने उन्हें यह काम अपनी किस सीरीज के अन्तर्गत सौंपा था। शुक्ल जी कहते हैं कि यह काम सभा ने उन्हें अपनी 'मनोरंजन पुस्तक माला' के अन्तर्गत सौंपा था।[1] इससे पता चलता है कि सभा की

1. जायसी ग्रन्थावली, सम्पादक रामचन्द्र शुक्ल, नागरी प्रचारिणी सभा, वाराणसी, 17 वाँ संस्करण, संवत 2041, वक्तव्य, प्रथम संस्करण, पृ.-4

नजरों में जायसी के 'पद्मावत' ग्रन्थ का मूल्य कैसा था। फिर यह सम्पादन इतनी जल्दी तैयार किया गया कि मानो कोई आपातकालीन स्थिति आ खड़ी हुई हो। सम्पादन तैयार नहीं था और हिन्दू विश्वविद्यालय में हिंदी साहित्य की बी. ए. और एम. ए. की परीक्षाओं में जायसी की पद्मावत रख दी गई थी।

शायद शुक्ल के मन में हिंदी साहित्य के इतिहास में यदि कोई भूत बसा हुआ है तो वह कबीर का है। उन्होंने कबीर को हिन्दी साहित्य के इतिहास से देश निकाला दे कर उन्हें भूलना चाहा है लेकिन देश निकाला दे कर भी उनकी आँख नहीं लग पाई। उन्हें जीवन भर यह डर लगा रहा था कि कबीर कहीं देश निकाले का समय पूरा करके साहित्य के क्षेत्र में पुनः न आ जाएँ। कबीर ने उनकी रात-दिन की चैन छीन रखी थी। यही कारण है कि 'जायसी ग्रन्थावली' की भूमिका लिखते हुए उन्हें पहले जायसी याद नहीं आए बल्कि कबीर का स्मरण हो आया था। इस भूमिका में उनका सबसे पहला वाक्य है—"सौ वर्ष पूर्व कबीर दास हिन्दू और मुसलमान दोनों के कट्टरपन को फटकार चुके थे।"[2] इसी पृष्ठ पर वे कबीर की असफलता की घोषणा भी कर देते हैं जब वे लिखते हैं—"कबीर की अटपटी वाणी से भी दोनों के दिल साफ न हुए। मनुष्य-मनुष्य के बीच रागात्मक सम्बन्ध है, यह उसके द्वारा व्यक्त न हुआ। अपने नित्य के व्यवहार में जिस हृदय साम्य का अनुभव मनुष्य कभी-कभी किया करता है उसकी अभिव्यंजना उससे न हुई।"[3] अगले पृष्ठ पर जायसी की प्रशंसा में वे लिखते हैं—"इन्होंने मुसलमान हो कर हिन्दुओं की कहानियाँ हिन्दुओं की ही बोली में पूरी सहृदयता से कह कर उनके जीवन की मर्मस्पर्शिनी अवस्थाओं के साथ अपने उदार हृदय का पूर्ण सामंजस्य दिखा दिया।"[4]

वाद के इस उद्धरण से पता चल जाता है कि शुक्ल कबीर से क्या अपेक्षा रखते थे। वे चाहते थे कि कबीर को भी हिन्दुओं की प्रशंसा करनी चाहिए थी। शुक्ल की दृष्टि में कबीर की गलती यह है कि उन्होंने हिन्दुओं में कमियाँ क्यों मानीं ? उनके मत में कबीर को हिन्दुओं का विरोध न करके उनका गुणगान करना चाहिए था। उनका बहुत साफ कहना है कि कबीर को हिन्दुओं में दीखने वाली बुराइयों की तरफ से आँख मूँद लेनी चाहिए थी। यहाँ ध्यान रहे कि उनकी कबीर से यह अपेक्षा तब है जब वे इसी भूमिका में कुतबन मियाँ की प्रशंसा इन शब्दों में करते हैं कि "उन्होंने मुसलमान होते हुए भी अपने मनुष्य होने का परिचय दिया'[5] मानो उनके मत में मुसलमान के लिए मनुष्य होना कोई असम्भव चीज हो।

लेकिन शुक्ल ने कबीर की निन्दा करने में अपने मन की घृणा पूरी तरह तब

---

2. वही, पृ.-1
3. वही, पृ.-1
4. वही, पृ.-2
5. वही, पृ.-2

प्रदर्शित की है जब वे जायसी की तुलना में कबीर के पंथ चलाने की कोशिश की भर्त्सना करते हैं। वे इसी भूमिका में लिखते हैं—"जायसी बड़े भावुक भगवद् भक्त थे और अपने समय में बड़े ही सिद्ध पहुँचे हुए फकीर माने जाते थे, पर कबीर दास के समान अपना एक 'निराला पंथ' निकालने का हौसला उन्होंने कभी न किया। जिस मिल्लत या समाज में उनका जन्म हुआ उसके प्रति अपने विशेष कर्तव्यों के पालन के साथ-साथ वे सामान्य मनुष्य धर्म के सच्चे अनुयायी थे। सच्चे भक्त का प्रधान गुण दैन्य उनमें पूरा-पूरा था। कबीरदास के समान उन्होंने अपने को सबसे अधिक पहुँचा हुआ कहीं नहीं कहा है। कबीर ने तो यहाँ तक कह डाला कि इस चादर को सुर, नर, मुनि सबने ओढ़ कर मैली किया, पर मैंने 'ज्यों कि त्यों धर दीनी चदरिया'। इस प्रकार की गर्वोक्तियों से जायसी बहुत दूर थे। उनके भगवत प्रेम पूर्ण मानस में अहंकार के लिए कहीं जगह न थी। उनका औदार्य वह प्रच्छन्न औद्धत्य न था जो किसी धर्म के चिढ़ाने में काम आ सके। उनकी वह उदारता ऐसी थी जिससे कट्टरपन को भी चोट नहीं पहुँच सकती थी। प्रत्येक प्रकार का महत्त्व स्वीकार करने की क्षमता उनमें थी। वीरता, ऐश्वर्य, रूप, गुण, शील सबके उत्कर्ष पर मुग्ध होने वाला हृदय उन्हें प्राप्त था, तभी 'पद्मावत' ऐसा चरितकाव्य लिखने की उत्कंठा उन्हें हुई। अपने को सर्वज्ञ मान कर पंडितों और विद्वानों की निन्दा और उपहास करने की प्रवृत्ति उनमें न थी। वे जो कुछ थोड़ा-बहुत जानते थे उसे पंडितों का प्रसाद मानते थे :

> हौं पंडितन्ह केर पछलगा।
> किछु कहि चला तबल देह डगा।।"[6]

अन्त में शुक्ल ने कबीर और जायसी का भेद बताते हुए बहुत साफ लिखा है—"कबीर विधि-विरोधी थे और वे विधि पर आस्था रखने वाले, कबीर लोक व्यवस्था का तिरस्कार करने वाले थे और वे सम्मान करने वाले।"[7]

आगे जायसी के मत और सिद्धान्त का निरूपण करते हुए शुक्ल ने लिखा है कि "जायसी साधारण धर्म और विशेष धर्म दोनों के तत्त्व को समझते थे। लोक मर्यादा के अनुसार जो सम्मान की दृष्टि से देखे जाते हैं उनके उपहास और निंदा द्वारा निम्न श्रेणी की जनता की ईर्ष्या और अहंकार वृत्ति को तुष्ट करके यदि चाहते तो ये भी एक नया 'पंथ' खड़ा कर सकते थे। पर इनके हृदय में यह वासना न थी। पीरों, पैगम्बरों, मुल्लों और पंडितों की निन्दा करने के स्थान पर इन्होंने ग्रन्थारम्भ में इनकी स्तुति की है और अपने को पंडितों का पछलगा कहा है। विधि पर इनको

---

6. वही, पृ.-8
7. वही, पृ.-8

पूरी आस्था थी। 'वेद-पुराण' और 'कुरान' आदि को ये लोक कल्याण मार्ग प्रतिपादित करने वाले वचन मानते थे। जो वेद प्रतिपादित मार्ग पर न चल कर मनमाने मार्ग पर चलते हैं उन्हें जायसी अच्छा नहीं समझते :

> राघव पूज जाखिनी, दुइज देखाएसि साँझ
> वेद पंथ जे नहिं चलाहि, ते भूलहिं बन माँझ।
> झूठ बोल थिर रहै न राँचा।
> पंडित सोइ वेदमत साँचा।।
> वेद वंचन मुख साँच जो कहा।
> सो जुग-जुग अहथिर होइ रहा।।"[8]

इतना ही नहीं कि शुक्ल कबीर के चिन्तन पक्ष को नकारते हैं बल्कि वे उनके काव्य पक्ष को भी नकारते हैं। वे अकेले कबीर पर नहीं बल्कि उनकी पूरी निर्गुण शाखा पर टिप्पणी करते हैं–"निर्गुण शाखा के कबीर दादू आदि सन्तों की परम्परा में ज्ञान का जो थोड़ा बहुत अवयव है वह भारतीय वेदान्त का है–पर प्रेम तत्त्व बिल्कुल सूफियों का है।'[9] यहाँ से चल कर उन्होंने कबीर को पूर्णतया विदेशी काव्य का अनुयायी घोषित करना आरम्भ कर दिया। उनके अनुसार, कबीर में "रहस्य की प्रवृत्ति और ईश्वर को केवल मन के भीतर समझने और ढूँढ़ने की ये दोनों बातें भारतीय भक्ति मार्ग से पूरा मेल खाने वाली नहीं थीं। अवतारवाद के सिद्धान्त रूप से प्रतिष्ठित हो जाने के कारण भारतीय परम्परा का भक्त अपने उपास्य को बाहर लोक के बीच प्रतिष्ठित करके देखता है, अपने हृदय के एकान्त कोने में नहीं।"[10] वे कबीर के रहस्यवाद को भी सूफियों के प्रभाव में प्राप्त होने के कारण कोई खास तरजीह नहीं देते। इसकी व्याख्या वे यह कह कर भी करते हैं कि कबीर पर इस्लाम के कट्टर एकेश्वरवाद और वेदान्त के मायावाद का रूखा संस्कार पूरा-पूरा था। शुक्ल कबीर के दो गुणों को अवगुण बताते हुए लिखते हैं कि कबीर में 'वाक चातुर्य था, प्रतिभा थी, पर प्रवृत्ति के प्रसार में भगवान की कला का दर्शन करने वाली भावुकता न थी'।[11] उन्होंने अपने ढंग का निष्कर्ष निकाला है कि "कबीर में जो कुछ रहस्यवाद है वह सर्वत्र एक भावुक या कवि का रहस्यवाद नहीं है।"[12] यहाँ भी वे कबीर के सामने जायसी को खड़ा करते हुए लिखते हैं कि "हिन्दी के कवियों में यदि कहीं रमणीय और सुन्दर अद्वैती रहस्यवाद है तो जायसी में जिनकी भावुकता बहुत ही

---

8. वही, पृ.-99
9. वही, पृ.-120
10. वही, पृ.-120-21
11. वही, पृ.-121
12. वही, पृ.-121

ऊँची कोटि की है।"[13] शुक्ल ने कबीर को कहीं का नहीं छोड़ना चाहा है जब उन्होंने कबीर को विदेशी प्रभाव का व्यक्ति घोषित किया है। उन्होंने कबीर और जायसी की तुलना इन शब्दों में की है—"जायसी कवि थे और भारत वर्ष के कवि थे। भारतीय पद्धति के कवियों की दृष्टि फारस वालों की अपेक्षा प्राकृतिक वस्तुओं और व्यापारों पर कहीं अधिक विस्तृत तथा उनके मर्मस्पर्शी स्वरूपों को कहीं अधिक परखने वाली होती है। इससे उस रहस्यमयी सत्ता का आभास देने के लिए जायसी बहुत ही रमणीय और मर्मस्पर्शी दृश्य संकेत उपस्थित करने में समर्थ हुए हैं। कबीर के चित्रों (इमैजरी) में न वह अनेकरूपता है, न वह मधुरता।"[14]

यदि शुक्ल की इन पंक्तियों का सूक्ष्म विश्लेषण किया जाए तो उनके अनुसार कबीर और जायसी में निम्नलिखित भेद थे—

कबीर	**जायसी**
1. पता नहीं कि अपने समय के पहुँचे हुए सिद्ध थे या नहीं। खुद अपने आप को पहुँचा हुए सिद्ध कहते थे।	अपने समय के पहुँचे हुए सिद्ध थे। खुद ने कभी अपने आप को पहुँचा हुआ सिद्ध नहीं कहा।
2. 'निराला पंथ' चलाने का दुस्साहस किया।	ऐसा कोई हौसला नहीं किया।
3. अपने समाज के प्रति कर्तव्यपरायण नहीं थे।	अपने समाज के प्रति कर्तव्यपरायण थे।
4. सामान्य मनुष्य धर्म के अनुयायी नहीं थे।	सामान्य मनुष्य धर्म के अनुयायी थे।
5. उनमें भक्त का प्रधान गुण दैन्य नहीं था।	उनमें भक्त का प्रधान गुण दैन्य पूरा-पूरा था।
6. अहंकारी थे।	अहंकारी नहीं थे।
7. दूसरे धर्म वालों को चिढ़ाते थे।	किसी के धर्म को चिढ़ाते नहीं थे।
8. अनुदार थे। सबसे लड़ते फिरते थे।	उदार थे। कट्टरपन को भी चोट नहीं पहुँचाते थे।
9. अपने को सर्वज्ञ मान कर पंडितों और विद्वानों की निंदा और उपहास करने की प्रवृत्ति थी।	ऐसी कोई प्रवृत्ति नहीं थी। अपने ज्ञान को पंडितों का प्रसाद मानते थे।
10. विधि विरोधी थे।	विधि पर आस्था रखने वाले थे।
11. लोक व्यवस्था का तिरस्कार करने वाले थे।	लोक व्यवस्था का सम्मान करने वाले थे।
12. साधारण धर्म और विशेष धर्म को एक करना चाहते थे।	साधारण धर्म और विशेष धर्म के अन्तर को समझते थे।
13. वेद, पुराण और कुरान को नहीं मानते थे।	वेद, पुराण और कुरान को मानते थे।

---

13. वही, पृ.-121
14. वही, पृ.-122

14. पंडितों के सामने बड़बोले बने हैं।	अपने आपको पंडितों का पिछलग्गा कहा है।
15. कवि नहीं थे और जो कुछ थे गैर भारतीय थे।	कवि थे और भारतवर्ष के कवि थे।

इस प्रकार शुक्ल ने जायसी के माध्यम से कबीर को कवियों की श्रेणी से ही निकाल फेंका है। वैसे यह देखा जा सकता है कि शुक्ल ने कबीर को उनके विचारों के कारण ही साहित्य निकाला दिया था। जायसी का हिन्दी साहित्य के इतिहास में उन्होंने इसलिए प्रवेश होने दिया क्योंकि जायसी ने अपने ग्रन्थारम्भ में पंडितों को नमन किया है। उन्हें जायसी इसलिए भी पसन्द आए क्योंकि उन्होंने वेदों का, पुराणों का और द्विजों का सम्मान किया है। वे जायसी से भी तब खुश हुए हैं जब जायसी ने अपने आपको पंडितों का पिछलग्गू कह दिया है। इस तरह शुक्ल की कसौटी साहित्यिक मूल्य की न रह कर वैदिक और धार्मिक मूल्यों की है। उन्होंने अपनी परिभाषा का एक ऐसा तर्क तैयार किया जिससे कबीर कवि ही न ठहराए जा सकें।

लेकिन कबीर शुक्ल के तत्कालीन पुरखों को नमन क्यों करते ? जब कबीर के दलित समाज का भला उस समय के हिन्दू और मुसलमान के दोनों पंथों से होने वाला नहीं था तो कबीर ने अपना तीसरा पंथ चला कर कौन सा गुनाह कर दिया था ? जब उनके खिलाफ जन्म के दिन से ही, जिस पर उनका कोई अधिकार नहीं था, निन्दा का प्रस्ताव रख दिया था तो कबीर ने अपने आपको हीन न बनने देने के लिए और सँभलने के लिए निन्दकों के पुरखों की निन्दा कर डाली तो इसमें क्या खास बुरा हो गया ? हिन्दू धर्म के ग्रन्थों ने धर्म को साधारण धर्म और विशेष धर्म में बाँट रखा था। हिन्दू धर्म के वर्ण रक्षक चाहते थे कि कबीर छोटी जाति में पैदा होने के कारण केवल अपने जुलाहागिरी के साधारण धर्म का ही पालन करें और ब्राह्मणों के विशेष धर्म में आध्यात्मिक दखल न करें। उन्होंने वेदाध्ययन का अधिकारी भेद खड़ा कर रखा था, जिस में कबीर को विद्या प्राप्त करने का कोई अधिकार नहीं था। ऐसे समय यदि कबीर ने वेद विद्या को उसके ब्राह्मणों समेत उलट दिया तो इसमें उन्होंने किस के साथ अन्याय कर दिया ? जिस लोक व्यवस्था और विधि विधान ने कबीर को जन्म भर अछूत बने रहने का शाप दे रखा था यदि उसके खिलाफ उन्होंने आवाज उठाई तो इसमें उन्होंने मनुष्य के समाज की ही रक्षा की थी। कुल मिला कर कबीर शुक्ल की ब्राह्मणी कसौटी के कवि कहलाने के लिए ब्राह्मणों के पैर धो कर पीने वाले नहीं थे। शुक्ल की इस ब्राह्मणी कसौटी में, जिसमें साधारण धर्म और विशेष धर्म का अधिकारी भेद मौजूद है, कबीर को कविता रचने का मूल अधिकार ही प्राप्त नहीं था। इसलिए यदि शुक्ल कबीर को कवि नहीं मानते हैं तो इसमें उनकी धर्म में अधिकारी भेद मानने की दृष्प्रवृत्ति भी शामिल है।

शुक्ल ने कबीर को विदेशी प्रभाव से प्रभावित व्यक्ति सिद्ध किया है। इसमें

पहली बात यही है कि ज्ञान कहीं से भी सीखा जा सकता है। भारत पर विदेशी आक्रमण इसीलिए हुए थे ताकि यह देश अपनी कुत्सित और कमजोर सामाजिक कूपमंडूकता से बाहर आए। यदि विदेशी आक्रमण से हिन्दुओं ने इतना भी नहीं सीखा तो इतिहास द्वारा इस्लाम और ईसाइयत के दो महत्त्वपूर्ण पढ़ाए गए पाठ मानो इनके लिए बेकार गए। इसका मतलब यह है कि इनका सामाजिक अहंकार अभी भी नहीं टूटा है और इनकी अगली गुलामी के अवसर खुले हुए हैं। फिर चाहे शुक्ल कबीर को कितने भी गैर भारतीय सिद्ध करते रहें, हिन्दुस्तान के गरीब लोग जानते हैं कि कबीर उनके थे। कबीर ने देश की 85 प्रतिशत देशी जनता का प्रतिनिधित्व किया था। केवल 15 प्रतिशत द्विजों का प्रतिनिधित्व करके तुलसी कबीर से ज्यादा भारतीय नहीं हो जाते हैं। इस प्रकार, यदि भारतीयता का और अभारतीयता का आकलन किया जाए तो कबीर द्विज कवियों के मुकाबले में सबसे अधिक भारतीय हैं। उन्होंने शास्त्र की मर्यादा को नहीं बल्कि जनता के दर्द को पहचाना था जिससे हजारों शास्त्र पैदा हुआ करते हैं। सगुण कवियों ने इस देश की केवल ऊपरी-ऊपरी हाय-तौबा मचाई थी लेकिन कबीर ने अपने साथियों समेत इस समाज की सबसे सही लड़ाई लड़ी थी।

यह तुलना का विषय नहीं है कि कबीर और जायसी में कौन बड़ा था। वास्तव में, शुक्ल ने ऐसी तुलना की शुरुआत करके हिन्दी साहित्य के इतिहास के साथ बड़ी ज्यादती की है। लेकिन जब ऐसी शुरुआत हो ही गई है तो पूछा जा सकता है कि कबीर और जायसी की जातियाँ क्या थीं ? सब जानते हैं कि कबीर जाति के जुलाहे थे, अस्पृश्य थे और सब कोई उनकी जाति पर हँसते थे। जायसी की जाति का पता उनके पूरे नाम 'मलिक मुहम्मद जायसी' से चल जाता है। इस नाम के अनुसार वे मलिकों में से थे। कबीर को फिक्र यही थी कि यदि हिन्दू और मुसलमानों की लड़ने वाली दो राजनैतिक कोमें दलितों के खिलाफ एक हो जाएँगी तो क्या होगा। बाद में यही हुआ भी जब मुगल काल में मुसलमान राजा और हिन्दू राजपूत लगभग एक हो गए थे। बहुत से राजपूतों ने उस समय मुसलमान धर्म ग्रहण भी कर लिया था। यदि वे हिन्दू भी रहे तो भी उन्होंने अपनी बेटियाँ मुगलों को देनी आरम्भ कर दी थीं और वे आपस में जीजा-साले हो गए थे। उधर सारे मुसलमानी आक्रमणों के बावजूद मिलीभगत में ब्राह्मणों की काशी नगरी आबाद रही। इस बीच यदि सच्ची मुसीबत रही तो कबीर के दलितों की और अन्त्यजों की रही। यहाँ कबीर की तुलना में जायसी से सवाल यह है कि उनकी पद्मावत किताब लिखने का दलित समाज को लाभ क्या हुआ जब उसने अस्पृश्यता को मिटाने में तिल भर भी योगदान नहीं दिया ? दलितों की दृष्टि से ऐसे हजार महाकाव्य लिखे जाते रहें पर उनका उन्हें फायदा क्या है जब वे उनका सिर ऊँचा नहीं कर सकते ? हिन्दुस्तान के दलित समाज को जायसी के प्रबन्ध महाकाव्य 'पद्मावत' के बजाय कबीर की साखियों और उनके पदों से सरोकार रहता है जिनकी एक-एक पंक्ति उनके लिए जीने की हिम्मत

बँधाती है।

पहले ही कहा जा चुका है कि शुक्ल ने जायसी की प्रशंसा नहीं की है बल्कि कबीर के खिलाफ उन्हें हथियार के रूप में इस्तेमाल किया है। एक बार कबीर पर जायसी का वार करवाने के बाद जायसी पर वे बाद में तुलसी का आक्रमण करवा देते हैं। उन्होंने कबीर और जायसी की तुलना के बाद इसी भूमिका के अन्त में जायसी और तुलसी की तुलना की है। इस तुलना में उनके शब्द इस प्रकार है—"प्रबन्ध क्षेत्र के भीतर हम कह चुके हैं, दो काव्य सर्वश्रेष्ठ हैं—'रामचरित मानस' और 'पद्मावत'। दोनों में 'रामचरित मानस' का पद ऊँचा है। यह हम स्थान-स्थान पर दिखाते भी आए हैं और सबको स्वीकृत भी होगा। अतः समग्र प्रबन्ध क्षेत्र के विचार से हम कह सकते हैं कि प्रबन्ध क्षेत्र में जायसी का स्थान तुलसी से दूसरा है।"[15] साफ समझ लेना चाहिए कि 'जायसी ग्रन्थावली' के सम्पादन में शुक्ल को केवल इसी वाक्य तक आना था। जहाँ तुलना की आवश्यकता नहीं, शुक्ल वहाँ भी जायसी और तुलसी की तुलना कर बैठते हैं। उन्होंने लिखा है—"आरम्भ में ही हम यह कह देना चाहते हैं कि जायसी का ध्यान स्वभाव चित्रण की ओर वैसा न था। 'पद्मावत' में हम न तो किसी व्यक्ति के ही स्वभाव का ऐसा प्रदर्शन पाते हैं जिसमें कोई व्यक्तिगत विलक्षणता पूर्ण रूप से लक्षित होती हो और न किसी वर्ग या समुदाय की ही विशेषताओं का विस्तृत प्रत्यक्षीकरण हमें मिलता है। मनुष्य प्रकृति के सूक्ष्म निरीक्षण का प्रमाण हमें जायसी के प्रबन्ध के भीतर नहीं मिलता। राम, लक्ष्मण, भरत और परशुराम आदि के चरित्रों में जैसी व्यक्तिगत विशेषताएँ तथा कैकयी, कौशल्या और मंथरा आदि के व्यवहारों में जैसी वर्गगत विशेषताएँ गोस्वामी तुलसीदास जी हमारे सामने रखते हैं वैसी विभिन्न विशेषताएँ जायसी अपने पात्रों के द्वारा नहीं सामने लाते।"[16] शायद, शुक्ल की जायसी से यह शिकायत थी कि उन्होंने पद्मावत के बजाय रामचरित मानस क्यों नहीं लिखी। उन्हें यह मालूम नहीं था कि जायसी पद्मावत की कहानी के सर्जक हैं जबकि तुलसीदास से पहले राम कथा पर वाल्मीकि रामायण और अध्यात्म रामायण की तरह के अनेक काव्य लिखे जा चुके थे। तुलसी ने राम कथा का केवल चयन, संग्रह और अनुवाद किया था, सर्जन नहीं। चयनकर्ता सर्जक से बाद में आता है। किसी कथा का सर्जक उसके चयनकर्ता का दादा और परदादा हुआ करता है।

15.वही, पृ.-155

16. वही, पृ.-89

अध्याय–5

डॉ. हजारी प्रसाद द्विवेदी : सूर्य पर पूरा ग्रहण

डॉ. हजारी प्रसाद द्विवेदी ने कबीर पर 'कबीर' नाम से एक पुस्तक सन 1941 में लिखी थी। इसे उन्होंने अपने ही शब्दों में कबीर के व्यक्तित्व, साहित्य और दार्शनिक विचारों की आलोचना कहा है। कबीर के अध्ययन में ही नहीं बल्कि हिन्दी साहित्य के इतिहास के अध्ययन में इस पुस्तक को एक मील का पत्थर माना जाता है। इस पुस्तक की वजह से एक तरह से हिन्दी साहित्य के मूल्यांकन में एक क्रान्ति सी आ गई थी। इस पुस्तक की हिन्दी जगत में कबीर को ले कर सर्वाधिक चर्चा और इसे सर्वाधिक सम्मान प्राप्त हुआ था। इससे पहले अयोध्या सिंह उपाध्याय हरिऔध और डॉ. श्याम सुन्दर दास ने 'कबीर वचनावली' और 'कबीर ग्रन्थावली' तैयार करते समय केवल लम्बी भूमिकाओं में ही कुछ कहा था। रामचन्द्र शुक्ल ने भी अपनी 'जायसी ग्रन्थावली' की भूमिका में ही कबीर पर छुप कर वार किया था। उन्होंने राम बन कर कबीर और जायसी के दो जुड़वाँ भाइयों को क्रमशः बाली और सुग्रीव बना कर कबीर की नाभि में तीर मारा था। लेकिन डॉ. हजारी प्रसाद द्विवेदी ने इस सारे खेल को ही मोड़ दिया। उन्हें पता चल गया था कि कबीर को बाली की तरह नहीं मारा जा सकेगा। इसलिए उन्होंने कबीर को मारने का एक नया रास्ता निकाला। यह नया रास्ता क्या था ?

अयोध्या सिंह उपाध्याय हरिऔध, डॉ. श्याम सुन्दर दास और आचार्य रामचन्द्र शुक्ल ने यह अच्छी तरह देख लिया था कि कबीर भारतीय समाज और दर्शन में एक खतरनाक विस्फोट हैं। कबीर का चिन्तन आग की तरह जलता है। इसके सामने वेद और ब्राह्मणवाद भस्म हो जाते हैं। उन सबकी यह कोशिश थी कि कबीर के इस चिन्तन से कैसे लड़ा जाए ? उन्होंने लड़ाई के तरह-तरह के रास्ते अपनाए। वे सारे रास्ते इस पुस्तक में इससे पहले देखे जा चुके हैं। लेकिन डॉ. हजारी प्रसाद द्विवेदी ने कबीर के चिन्तन से लड़ने का एक निराला रास्ता अपनाया। उन्होंने सीधी टकराहट के बजाय इसे भीतर से निस्तेज और निष्प्रभावी करना चाहा। वास्तव में, उन्होंने इस मध्यकालीन वेद विरोधी विस्फोट को फ्यूज करने की कोशिश की है।

उन्होंने कबीर के चिन्तन की सारी आग और चकाचौंध खत्म कर दी है। उन्होंने कबीर को इस तरह का बना दिया है कि अब वेद कबीर के हृदय की आग में जल नहीं जाएँगे और ब्राह्मणवाद कबीर के तेज के सामने अन्धा नहीं हो जाएगा। उनकी व्याख्या की वजह से वेद और ब्राह्मणवाद कबीर की आग और चकाचौंध से मजे में खेल सकते हैं। हाँ, डॉ. हजारी प्रसाद द्विवेदी के लिए कबीर का दर्शन एक खेल ही है—इसे ज्यादा से ज्यादा 'एकेडेमिक खेल' कहा जा सकता है। इस बात को उन्होंने अपनी इस पुस्तक में स्पष्ट भी किया है।

डॉ. हजारी प्रसाद द्विवेदी के सामने आचार्य क्षिति मोहन सेन द्वारा तैयार किया गया कबीर के पदों का संग्रह था। उन्हें मालूम था कि आचार्य सेन कबीर को किस दृष्टिकोण से लेते हैं। जिस सच्चाई और गहराई से आचार्य सेन कबीर के चिन्तन को लेते थे, डॉ. हजारी प्रसाद उसे उस तरह से नहीं ले सकते थे। वे अपने पाठकों के लिए कबीर को एक मिशन और संदेश के रूप में नहीं बल्कि मात्र एकेडेमिक बना कर रखना चाहते थे। वे लिखते हैं—"उनके (आचार्य क्षिति मोहन सेन के) दृष्टिकोण में और मेरे इस पुस्तक में व्यवहृत दृष्टिकोण में थोड़ा मौलिक अन्तर है। वे संतों की वाणियों को म्यूजियम के प्रदर्शन की वस्तु नहीं मानते और यह बात ठीक भी है। जिसे आजकल 'एकेडेमिक' आलोचना कहते हैं वह बात कुछ म्यूजियम की रुचि को ही उत्तेजना देती है।"[1] वे अपनी बात को काट कर और आचार्य सेन की बात को सही करते हुए इसी क्रम में आगे लिखते हैं—"आचार्य सेन सन्तों की जीवन्त वाणी को जलती हुई मशाल कहते हैं और उनका दृढ़ विश्वास है कि ये वाणियाँ यथासमय भारत वर्ष और संसार की समस्याओं को सुलझाएँगी। ऐसी प्राणमयी वाणी को म्यूजियम में सजा के नहीं रखा जा सकता।'[2] यहाँ देखा जा सकता है कि डॉ. हजारी प्रसाद द्विवेदी आचार्य क्षिति मोहन सेन की सही बात को समझ कर भी उनसे अपना मौलिक अन्तर बनाए रखना चाहते हैं। इसका मतलब क्या है ? बात यह है कि एक डॉ. हजारी प्रसाद द्विवेदी नहीं बल्कि वेद और संस्कृत साहित्य के घमण्ड में आया हुआ कोई भी ब्राह्मणवादी विद्वान शूद्रों और दलितों के ज्ञान और उनकी भाषा को सम्मान की दृष्टि से नहीं देखता। वह जब भी देखता है दलितों के साहित्य को हेय दृष्टि से देखता है। वह इस साहित्य का अध्ययन नाममात्र को और वह भी मतलबी ढंग से करता है।

सबसे पहले यह देख लिया जाए कि डॉ. हजारी प्रसाद द्विवेदी ने यह पुस्तक किन के लिए लिखी है अर्थात उनके अनुमानित पाठक कौन हैं ? इस पुस्तक को पढ़ने से पता चलता है कि यह उन्होंने विद्वानों के लिए लिखी थी। इसे उन्होंने कबीर वंशियों और कबीर पंथियों के लिए नहीं लिखा था। उन्होंने इस पुस्तक में यह भी

---

1. कबीर, डॉ. हजारी प्रसाद द्विवेदी, हिन्दी ग्रन्थ रत्नाकर कार्यालय, बम्बई-4, तृतीय परिवर्द्धित संस्करण, जुलाई, 1950, पृ.-21
2. वही, पृ.-21

नहीं चाहा कि साधारण जनता उनकी पुस्तक को पढ़ कर कबीर के अनुकरण की ओर अग्रसर हो। जिन विद्वानों के लिए उन्होंने इसे लिखा वे भी उनके खास ब्राह्मणी विद्वान हैं। वे साफ शब्दों में लिखते हैं–"ब्राह्मणों के विषय में विशेष कहने की आवश्यकता नहीं। क्योंकि जिन लोगों के हाथ में इस पुस्तक के पहुँचने की आशा है वे सभी लोग इस मत को (ब्राह्मण मत को) भली भाँति जानते हैं।"[3]

डॉ. हजारी प्रसाद द्विवेदी ने अपने से पहले के कबीर साहित्य के विद्वानों की आलोचना की है। लेकिन वह आलोचना एकदम नाम ले कर नहीं की गई। इस मामले में वे कुछ बच कर खेले हैं। फिर, दूसरे लेखकों की सामूहिक आलोचना में वे अपने आपको सर्वोपरि भी घोषित नहीं कर सके। वे लिखते हैं–"ऊपर-ऊपर सतह पर चक्कर काटने वाले समुद्र भले ही पार कर जाएँ पर उसकी गहराई की थाह नहीं पा सकते। इन पंक्तियों का लेखक अपने को सतह का चक्कर काटने वालों से विशेष नहीं समझता। उसका दृढ़ विश्वास है कि कबीरदास के पदों में जो महान प्रकाशपुंज है वह बौद्धिक आलोचना का विषय नहीं है। वह म्यूजियम की चीज नहीं है बल्कि जीवित प्राणवान वस्तु है।"[4] इतना ही नहीं बल्कि डॉ. द्विवेदी अपने से पहले के और अपने बाद में आने वाले सभी लेखकों के बारे में एक समान आलोचना यह लिख कर गए हैं कि "कबीर पर पुस्तकें बहुत लिखी गई हैं और भी लिखी जाएँगी पर ऐसे लोग कम ही हैं जो उस साधना की गहराई तक जाने की चेष्टा करते हों।"[5] इसके बाद उन्होंने चेतावनी के रूप में यह भी लिख दिया कि "कबीरदास की सच्ची महिमा तो कोई गहरे में गोता लगाने वाला ही समझ सकता है।"[6]

डॉ. हजारी प्रसाद द्विवेदी की इन पंक्तियों को पढ़ने से लगता है मानो उन्होंने बहुत ही अच्छी बात कह दी हो पर पूछा जाए कि कबीर का दर्शन उनके लिए इतना दुरूह क्यों है ? जो दर्शन हिन्दुस्तान में अनपढ़ और आम आदमी की जबान पर है, वह डॉ. हजारी प्रसाद द्विवेदी जैसे विद्वान के लिए कठिन और गहरा क्यों हो रहा है ? कहीं ऐसा तो नहीं है कि डॉ. द्विवेदी कबीर के दर्शन को जानबूझ कर दुरूह और दुर्बोध बता रहे हों ? विचित्र बात है कि जो साहित्य अपने समय की जनवाणी में लिखा गया हो और जिसका जन-विरोधी संस्कृत भाषा से घोषित विरोध रहा हो, वह साहित्य विद्वानों के लिए दुर्बोध हो गया है। इसका मतलब यह भी हो सकता है कि ये विद्वान जनवाणी से कटे हुए हैं। यह अजीब कहानी है कि विद्वान लोग एक अनपढ़ कहे जाने वाले व्यक्ति की भाषा नहीं समझते। यह वैसी विद्वत्ता है जो अनपढ़ से ले कर पढ़े-लिखे तक नहीं जाती बल्कि पढ़े-लिखे से पढ़े-लिखे तक जाती

3. वही, पृ.-129
4. वही, पृ.-222
5. वही, पृ.-222
6. वही, पृ.-222

है। विद्वत्ता को अनपढ़ की विरोधिनी न हो कर बल्कि वह उसे समेटती हुई होनी चाहिए। दुःख की बात है कि इस भारतीय समाज में निरक्षर और साक्षर के बीच में कभी पुल नहीं बाँधा गया। यहाँ निरक्षर को साक्षर करने की कोशिश नहीं की गई। निरक्षर अपनी परम्परा में निरक्षर रहे हैं और विद्वान अपनी परम्परा में विद्वान रहते चले आए हैं। परिणाम यह होता है कि भारतीय विद्वान अनपढ़ों के सामने खुब परले सिरे के अनपढ़ बन कर रह जाते हैं। यही कारण है कि यदि डॉ. हजारी प्रसाद द्विवेदी की विद्वत्ता शास्त्रीय ढंग की न हो कर कबीर जैसे अनपढ़ों के ज्ञान को समेटती हुई होती तो वे कबीर की वाणी को इतनी दुरूह नहीं कह पाते जितनी उसे कह गए हैं।

खैर, शब्दों की बात एक तरफ है। यह बात सर्वमान्य सिद्ध की जा सकती है कि भारतवर्ष के संस्कृत भाषा के विद्वान् श्रमिक वर्गों के विशाल भाषा समूह को नहीं जानते। अस्पृश्यता के कारण न वे उनके घरों में जाते हैं और न उन्होंने उनके दैनिक जीवन में काम आने वाले औजारों के नामों की और शक्लों की जानकारी प्राप्त की है। श्रमिक लोग अपनी भाषा का व्याकरण भी अपनी तरह से चलाते हैं। पर पूछने लायक बात यह है कि क्या डॉ. हजारी प्रसाद द्विवेदी कबीर के अध्ययन में ईमानदार रहे हैं। सच और झूठ का बाद में पता चलेगा लेकिन पहले इस विषय में डॉ. द्विवेदी का खुद का कथन देख लिया जाए। वे अपनी इस पुस्तक के अन्त में लिखते हैं–"फिर भी लेखक ने इस पुस्तक में जो लम्बी व्याख्या प्रस्तुत की है उसके लिए उसे पश्चात्ताप नहीं है।"[7] पर डॉ. द्विवेदी की जबान पर यह शब्द 'पश्चात्ताप' स्वतः क्यों आ गया ? क्या पुस्तक के अन्त में लिखने के लिए उनका यह सही शब्द है ? वे एक लेखक के रूप में अपनी पुस्तक लिख रहे हैं, उनका दृष्टिकोण सही या गलत हो सकता है, वह किसी को मान्य हो सकता है और किसी को मान्य नहीं हो सकता, पर इसमें पश्चात्ताप करने या न करने की क्या आवश्यकता है ? पश्चात्ताप का सम्बन्ध किसी पाप या गलती से ही होता है। पर एक लेखक पाप या गलती क्यों करेगा ? उसकी समझ में जो बात सही है वह केवल उसे ही कहता है। लेकिन डॉ. द्विवेदी के इस पश्चात्ताप न करने के उनके शब्दों से लगता है कि इस पुस्तक को लिखने में उनके अन्तर्मन में किसी न किसी किस्म का अपराधबोध काम कर रहा है। उलटे, उनकी दृढ़ता से ऐसा लगता है कि जैसे वे कहना चाह रहे हों कि गलती करने के बाद भी उन्हें उसका खेद नहीं है या जो उन्होंने कर दिया है उन्हें उसकी ग्लानि नहीं है।

इस विषय में आगे बढ़ने से पहले एक बार पुनः यह देख लिया जाए कि डॉ. हजारी प्रसाद द्विवेदी के लिए कबीर का चिन्तन दुरूह और गहन क्यों है ? एक बात का पहले जिक्र किया जा चुका है कि डॉ. द्विवेदी के ब्राह्मण घर में जन्म लेने की वजह से उन्हें कबीर जुलाहे के घर की भाषा अनजानी हो सकती है। लेकिन इस

---

1. वही, पृ.-222

दुर्बोधता का एक दूसरा कारण डॉ. द्विवेदी की धार्मिक हठधर्मिता भी हो सकती है। पर यहाँ इस धार्मिक हठधर्मिता से क्या अर्थ निकलता है ? इसका मतलब यह निकलता है कि कबीर किसी बात को साफ-साफ कहना चाह रहे हों परन्तु डॉ. द्विवेदी का ब्राह्मण उसे साफ-साफ न समझना चाह रहा हो। हिन्दुस्तानी समाज में इस बात के पूरे-पूरे अवसर हैं कि समझाने वाला ठीक-ठीक समझाना चाहे पर समझने वाला उसे ठीक-ठीक न समझ कर रलाना चाहे। खुद कबीर को इस बात का आभास था जब उन्होंने ब्राह्मण को सम्बोधित करते हुए कहा है कि—"मैं कहता सुरझावन हारी तू रहता उरझाई।"[8] क्या कबीर के सामने डॉ. हजारी प्रसाद द्विवेदी इसी प्रकार के ब्राह्मण तो नहीं हैं ?

वस्तुतः आगे इस बात का पता चलेगा कि डॉ. द्विवेदी ने कबीर के अध्ययन को अपने लिए खुद दुर्बोध और गहन बनाया है। जो कबीर कहते हैं डॉ. द्विवेदी उस बात को उसी तरह से नहीं लेते। वे इसमें अपनी ब्राह्मणी नमक-मिर्च लगाते हैं। कबीर को आर-पार देखने का एक साफ कबीरी दर्पण है। लेकिन वे उस कबीरी दर्पण को हटा कर ब्राह्मणी दर्पण से कबीर को देखना चाहते हैं। फलतः उनके लिए कबीर एकदम दुर्बोध हो जाते हैं। उदाहरण के रूप में कबीर स्पष्ट शब्दों में वेद का विरोध करते हैं लेकिन डॉ. द्विवेदी को यह सिद्ध करना है कि वे वेद मत के समर्थक थे, कबीर पुराण और मूर्ति पूजा के विरोधी हैं लेकिन डॉ. द्विवेदी को यह सिद्ध करना है कि कबीर का दर्शन पुराणों से ही निकला है। कबीर रामानन्द को अपना गुरु नहीं मानते लेकिन डॉ. द्विवेदी को कबीर से ज्यादा इस जनश्रुति को प्रश्रय देना है कि कबीर के गुरु रामानन्द थे। यदि डॉ. द्विवेदी वेद, पुराण और रामानन्द के चश्मों के बिना कबीर को समझने का प्रयत्न करते तो उनके लिए कबीर दुर्बोध नहीं रह जाते। पर क्या किया जाए जब डॉ. द्विवेदी खुद अपने रस्सों में बँधे पड़े हैं। यदि किसी वजह से डॉ. द्विवेदी अपने आप को थोड़ी देर के लिए हिन्दू कहना छोड़ दें तो कबीर को समझने में उनकी सारी समस्याएँ एक झटके से समाप्त हो जाएँ। वास्तव में, कबीर समस्या नहीं है बल्कि खुद डॉ. द्विवेदी अपने लिए समस्या बने हुए हैं—पर कैसे ?

इस पुस्तक को पढ़ने से पता चलता है कि डॉ. हजारी प्रसाद द्विवेदी की कबीर को समझने में अपनी समस्या क्या थी। यह बात सौ प्रतिशत सही है कि डॉ. द्विवेदी की रुचि इतनी कबीर को समझने की नहीं थी जितनी उन्हें कबीर को हिन्दू और वैष्णव सिद्ध करने की पड़ी थी। वे कबीर के वेद-विरोधी विस्फोट को वैदिक और पौराणिक व्याख्या के बर्तनों में सम्भालना चाह रहे थे। फलतः कबीर के अध्ययन में उनसे सुलझने के बजाय कोई न कोई पहेली खड़ी हो जाती है। वे दो विरोधी बातों को एक साथ लेते हैं—इस कारण उनके समाधान में हर बार एक

8. वही, पृ.-222

विरोधाभास जन्म ले लेता है। ऐसा नहीं है कि डॉ. द्विवेदी कबीर के दर्शन को जानते नहीं हैं, उनकी समस्या केवल तब बन कर आती है जब वे कबीर के दर्शन की शास्त्रीय व्याख्या करने बैठते हैं। जाने उनसे यह किसने कह दिया था कि कबीर के दर्शन की अनिवार्य रूप से हिन्दू व्याख्या प्रस्तुत की जानी है। या तो उन्हें इसका सच में कोई बाहरी आदेश मिला है या उन्होंने इस आदेश को अपने लिए खुद खोज निकाला है।

कबीर के अध्ययन में डॉ. द्विवेदी की तर्क शैली इस प्रकार की है कि जहाँ तक हो सके कबीर की पौराणिक और शास्त्रीय व्याख्या प्रस्तुत की जाए और जब यह सम्भव न हो सके तो कबीर को नीचे गिरा दिया जाए। इस तरह से कबीर की प्रशंसा में वे कबीर की प्रशंसा न करके अपने शास्त्रों और पुराणों की ही प्रशंसा करते हैं और कबीर की निंदा में वे केवल कबीर की निंदा करते हैं—तब वे अपने शास्त्रों और पुराणों को अलग बचा ले जाते हैं। खुद कबीर की भाषा के बारे में उनका कथन देखा जा सकता है। वे लिखते हैं—"कबीर ने जिन तत्त्वों को अपनी रचना से ध्वनित करना चाहा है उनके लिए कबीर की भाषा से ज्यादा साफ और जोरदार भाषा की सम्भावना नहीं है और जरूरत भी नहीं है। परन्तु कालक्रम से वह भाषा आज के शिक्षित व्यक्ति को दुरूह जान पड़ती है। कबीर ने शास्त्रीय भाषा का अध्ययन नहीं किया था।"[9] डॉ. द्विवेदी के इस कथन से क्या यह समझा जाए कि वे कबीर की प्रशंसा करना चाहते हैं ? ऐसा ही उनका एक अन्य कथन कबीर की साहित्यिकता के बारे में है। उन्होंने लिखा है—"काव्यगत रूढ़ियों के न तो वे जानकार थे और न कायल।"[10] इस टिप्पणी में भी डॉ. द्विवेदी दो निर्णय एक साथ दे गए हैं। यूँ वे हर कदम पर दोहरी चाल चलते हैं। वे कबीर की प्रशंसा करते-करते रुक जाते हैं। कबीर ने शास्त्रीय भाषा का अध्ययन नहीं किया था और वे काव्य के नियमों के जानकार नहीं थे। उनके ये दोनों निष्कर्ष एकदम झूठे भी हो सकते हैं—इसका उन्हें ध्यान नहीं है। उनकी इन उक्तियों से यही ध्वनि निकलती है कि कबीर अनपढ़ व्यक्ति थे जो सही नहीं भी हो सकती। कबीर जैसे व्यक्ति ने भाषा का और छन्दों का चुनाव बहुत सोच-विचार कर किया होगा। चूँकि तुलसी दास ने रामचरित मानस अवधी में लिखी है, इसका अपने आप मतलब यह नहीं हो जाता कि वे ब्रज भाषा या संस्कृत नहीं जानते थे। गांधी जी जनता में हिन्दुस्तानी भाषा का प्रयोग करते थे इसका मतलब यह नहीं हो जाता कि वे अंग्रेजी नहीं जानते थे और गुजराती भाषा के श्रेष्ठ साहित्यकार नहीं थे। लगता है, कबीर के बारे में ऐसी गलतफहमी सुविचारित ढंग से प्रचारित की गई है कि वे शास्त्रीय भाषा के जानकार नहीं थे और उन्हें काव्य

9. वही, पृ.-222
10. वही, पृ.-217

के नियमों का ज्ञान नहीं था। खैर, कबीर के इस भाषा और साहित्य के पक्ष को विस्तार से अलग से देखा जाएगा, यहाँ केवल इतना समझ लेना चाहिए कि डॉ. द्विवेदी कबीर के बारे में दोमुखी बातें एक साथ कह जाते हैं जिसमें यह भी सच है कि उन्हें अपनी इस दोमुँही शैली की वजह से हानि-लाभ की काफी भरपाई करनी पड़ी है।

अब कबीर के बारे में डॉ. द्विवेदी के पुराणों को ले कर लिखे गए शब्द देखे जाएँ। वे अपनी इसी घुमावदार शैली में लिखते हैं—"कबीरदास पौराणिक कथाओं के थोड़े-बहुत जानकार थे पर तत्त्ववाद के कायल न थे, शायद जानते भी नहीं थे।"[11] यह उनका पूरा उलझन भरा वाक्य है। इसमें उनके कहने का क्या मतलब है कि कबीर पौराणिक तत्त्ववाद के कायल न थे और उसे जानते भी नहीं थे ? असल में, वे इस प्रकार की भाषा शैली का प्रयोग करके कबीर को पौराणिकता के घेरे में फाँसना चाहते हैं। वे एक कबीर के बारे में नहीं, बल्कि सारे साधकों और दार्शनिकों के बारे में एक सामान्य वाक्य लिख रहे हैं—"भारत वर्ष की जलवायु में ही कुछ ऐसा गुण है कि यहाँ के साधक और पंडित समस्त प्रचलित पौराणिक परम्परा को स्वीकार करते हैं, अपने विशेष मत की पुष्टि के लिए उससे संगति बैठाते हैं और अपने उपास्य देव को सबके सिर पर बैठा देते हैं।"[12] आगे यूँ समझ लो कि उन्होंने पुराणों को कबीर के मत्थे जबरदस्ती मढ़ दिया है। वे लिखते हैं—"जो यह समझता है कि बिना सगुणोपासना किए हम परमात्मा के निर्गुण स्वरूप का ज्ञान प्राप्त कर लेंगे वह उसी जिज्ञासु के समान है जो विश्व नियन्ता का तो परिचय प्राप्त करना चाहता है किन्तु यह नहीं जानता कि विश्व क्या है। पुराण सगुण पथ का पथिक बना कर निर्गुण की प्राप्ति कराते हैं किन्तु बड़ी बुद्धिमत्ता और विवेक के साथ, यही कारण है कि मुख से निर्गुणवाद का गीत गाने वाले भी अन्त में पुराण शैली की परिधि के अन्तर्गत हो जाते हैं। चाहे कबीर साहब हों अथवा पन्द्रहवीं सदी के दूसरे निर्गुणवादी, उन सबके मार्ग प्रदर्शक गुप्त रूप से पुराण ही हैं।"[13]

यह डॉ. द्विवेदी की कबीर के दर्शन पर जबरन पौराणिक लीपापोत है। यह ब्राह्मणी दर्शन की—मान न मान मैं तेरा मेहमान—वाली बात है। इसमें डॉ. द्विवेदी ने पढ़-लिख कर ब्राह्मणी विद्वान होने की अपनी धींगामस्ती दिखाने की भी कोशिश की है। यह कम पढ़े-लिखे और भोले लोगों को बहकाने वाली बात भी है। ब्राह्मणी दर्शन के विद्वानों का शूद्रों के प्रति उदार बनने का उद्देश्य यही होता है कि बात को पूरी तरह गड़बड़ा दो और मजदूर पेशे के संतों के पास ज्ञान का जो निर्मल जल होता है उसे पुराणों के झगोल दे कर गन्दा कर दो। उन्होंने इससे भी बढ़कर लिखा है—

---

11. वही, पृ.-166
12. वही, पृ.-71
13. वही, पृ.-117

"विचारणीय यह है : कबीरदास के उन पदों का जिनमें उन्होंने बार-बार "दशरथ सुत तिहुँ लोक बखाना। राम नाम का मरम है आना।"—जैसी बातें कह-कह पुराण प्रतिपादित सगुण ब्रह्म का प्रत्याख्यान करना चाहा है क्या ऐसा अर्थ भी लगाया जा सकता है कि मुँह से विरोध करते रहने पर भी कबीरदास असल में पुराण विरोधी नहीं थे।"[14] डॉ. द्विवेदी के इस प्रश्न में हद हो गई है। भला उन्हें ऐसा मानने से कौन रोक सकता है ? उनके पास ब्राह्मणी विद्वत्ता का प्रमाण-पत्र है। इस प्रमाण-पत्र के बाद वे ठाठ से भैंसे का, बैल का और बकरे का दूध दुहें। कबीर को डॉ. हजारी प्रसाद द्विवेदी के सामने 'दशरथ सुत' का विरोध करना मुश्किल पड़ गया है। डॉ. हजारी प्रसाद की पकड़ है—चूँकि तुमने 'दशरथ सुत' का विरोध किया है इसलिए तुमने उसका पक्ष लिया है। मानो डॉ. हजारी प्रसाद द्विवेदी के लिए काले और सफेद रंग में कोई अन्तर नहीं है। वे 'दशरथ सुत' के विरोध में कबीर की जबान नहीं खुलने दे रहे हैं। आखिर, कबीर डॉ. द्विवेदी से पूछ सकते हैं कि वे 'दशरथ सुत' का विरोध और किस तरह से और किस भाषा में करें। इसे पोथियों की पौराणिक डिक्टेटरी कह सकते हैं।

इतना ही नहीं कि डॉ. द्विवेदी ने कबीर को केवल पौराणिक कह कर ही छोड़ दिया हो, उन्होंने बाकायदा कबीर को मूर्ति पूजक भी घोषित करने का प्रयास किया है। वे कबीर का मूल्यांकन करते हुए लिखते हैं—"मूर्ति की उपासना उनको बुरी लगती थी पर ऐसा जान पड़ता है कि मूर्ति वाला तत्त्ववाद उन्हें मालूम ही न था। शायद ही किसी दार्शनिक तत्त्ववाद या पौराणिक रहस्य-व्याख्या का उल्लेख उनके ग्रन्थ में पाया जाए।"[15] यहाँ प्रकारान्तर से डॉ. द्विवेदी के कहने का मतलब यह है कि वह तो अनपढ़ होने की वजह से कबीर को पुराण पढ़ने का मौका नहीं मिला नहीं तो वे पुराण भक्त और पक्के मूर्ति पूजक बन जाते। इन्हें कबीर का दार्शनिक चिन्तन मूर्ति पूजा की ओर गया हुआ दीखता है।

इस तरह कबीर के चिन्तन को शास्त्र सम्मत दिखाते हुए डॉ. द्विवेदी कबीर को रामानन्द से जोड़ देते हैं। कबीर के सम्बन्ध से रामानन्द एक ऐसा जाल है जिसका हर पौराणिक विद्वान शिकार हुआ है। डॉ. द्विवेदी का रास्ता सीधा है। वे लिखते हैं—"हम तो दृढ़ता के साथ कहने का साहस करते हैं कि कबीर की भक्ति और भगवद् भावना में न तो युक्ति से विरोध है और न शास्त्र से। कहीं जो विरोध दीखता है तो उसका ऐतिहासिक कारण है। उसका समाधान कर लेना कठिन नहीं है। कबीरदास योग मार्ग की ओर झुके हुए थे। उनके कुल में और कुल-गुरु परम्परा में वह मार्ग प्रतिष्ठित था। बाद में उनका समागम रामानन्द से हुआ। यह बात कुछ

---

14. वही, पृ.-117

15. वही, पृ.-130

असम्भव नहीं कि रामानन्द के प्रभाव में आने के पूर्व उन्होंने ऐसे बहुत से पद लिखे हों जिनमें योग सम्प्रदाय की परम्परा प्राप्त अक्खड़ता परिलक्षित होती हो और भक्ति रस का लेश भी न हो।"[16]

इस छोटे से उदाहरण में डॉ. द्विवेदी एक-दो बातें नहीं कह गए हैं। इसमें उन्होंने एक तीर से कई शिकार एक साथ किए हैं। यदि इसका विश्लेषण किया जाए तो नीचे लिखी बातें सामने आती हैं :

1. कबीर के चिन्तन का शास्त्र से विरोध नहीं है।
2. यदि कहीं कबीर की चिन्तन प्रणाली का शास्त्र से विरोध है तो वह उनके कुल के कारण है।
3. कबीर का जन्म अक्खड़ लोगों में हुआ था।
4. बाद में कबीर रामानन्द की शरण में गए।
5. रामानन्द ने कबीर के चिन्तन में रस ही रस भर दिया।
6. अन्त में कबीर की नीच कुल में जन्म लेने की अक्खड़ता पूरी तरह जाती रही।

शायद ऊपर के ये छह निर्णय किसी को जल्दी में निकाले गए दीख सकते हैं। लेकिन इन निर्णयों पर विचार करने से पहले यह बता दिया जाए कि ये निर्णय जल्दी में नहीं निकाले गए हैं। डॉ. द्विवेदी के अन्य कथनों से ये बातें सत्य सिद्ध होती हैं। पहली बात, डॉ. द्विवेदी ने इस जनश्रुति में शंका भी करने की कोशिश नहीं की कि रामानन्द कबीर के गुरु थे। उल्टे, उन्होंने इस जनश्रुति पर अपने विश्वास की पक्की मोहर लगाते हुए लिखा है–"इस विषय में उन लोगों को भले ही सन्देह हो जो कबीरदास के नाम पर उल्टा सीधा मत-मतान्तर चलाना चाहते हों, स्वयं कबीरदास को कोई संशय नहीं था"[17] कि उनके गुरु रामानन्द थे। इन शब्दों को लिख कर डॉ. द्विवेदी का ब्राह्मणवादी मन पूरा खुश हो गया है। लेकिन अगले कथन में उनका ब्राह्मणवादी मन अपनी जीत में गद्‌गद भी हो गया है। वे लिखते हैं–"क्या हुआ जो वे (रामानन्द) ब्राह्मण थे और कबीरदास जुलाहे, क्या हुआ जो वे काशी के 'आचार्य' थे और कबीर कमीनी जाति के 'बन्दे' ? प्रेम दूरी नहीं जानता, भेद नहीं जानता, जाति नहीं मानता, कुछ नहीं देखता।"[18] यहाँ ध्यान रहे कि इस उद्धरण में वे कबीर को फिर कमीनी जाति का बन्दा कह गए हैं। इसके बाद वे कबीर और रामानन्द के इस कथित सम्बन्ध का काव्यात्मक गुणगान करने लगते हैं–"धन्य हैं वे गुरु, वे सचमुच उस भ्रमरी के समान हैं जो निरन्तर ध्यान का अभ्यास करा कर कीट को भी भ्रमरी (तितली) बना देती है। कीड़ा भ्रमरी हो गया, नई पाँखें फूट आईं,

16. वही, पृ.-151
17. वही, पृ.-140
18. वही, पृ.-141

नया रंग छा गया, नई शक्ति स्फुरित हुई। उन्होंने जाति नहीं देखी कुल नहीं विचारा। अपने आप में मिला लिया। नाले का पानी गंगा में जा कर गंगा हो जाता है, कबीर भी गुरु में मिल कर तद्रूप हो गए।''[19]

डॉ. द्विवेदी की कबीर को समझने की इस शैली में उनके पौराणिक ब्राह्मणवाद का बड़ा लाभ हुआ है। इसमें वे कबीर की लगातार बुराई करते जाते हैं कि कबीर नीच कुल का, कमीनी जाति का और गन्दे नाले का पानी था। दूसरी तरफ, वे रामानन्द की लगातार प्रशंसा करते चले जाते हैं कि वे ब्राह्मण थे, उच्च कुल के थे, भ्रमरी के समान और पवित्र गंगा जल थे। रामानन्द ने कबीर को अपना शिष्य बनाया तो इसमें भी रामानन्द की ही महानता है। इस प्रकार, कबीर में जो कुछ अच्छा है वह रामानन्द की कृपा की वजह से है और जो कुछ अच्छा नहीं है वह उनके नीच कुल में जन्म लेने के बचे रहे संस्कारों के कारण है। डॉ. द्विवेदी ने कबीर की लड़ाई को एकदम उल्टी कर दिया है। कबीर की लड़ाई इस बात की थी कि दुनिया में यदि कोई कपटी, घृणा करने वाला और घमण्डी व्यक्ति है तो वह ब्राह्मण है। उनके अनुसार यदि कुछ सीखना है तो वह केवल ब्राह्मण को सीखना है। वे ब्राह्मण द्वारा की गई भगवान की भक्ति को भी छल मानते हैं क्योंकि उसमें भगवान के बन्दों से प्यार नहीं है। वे पूछते हैं कि मुझ जुलाहे से घृणा करने वाले इस रामानन्द ब्राह्मण को भगवान की भक्ति का रस कैसे मिल जाएगा ? कबीर श्रमिक जनों को नीचा नहीं मानते, उल्टे वे हर प्रकार का श्रमिक बनना चाहते हैं। कहीं भी उन्होंने ब्राह्मण बनने की लालसा प्रकट नहीं की। लेकिन डॉ. द्विवेदी कबीर को नीच और रामानन्द को उच्च मान कर ही अपने निष्कर्षों पर आए हैं।

जहाँ तक कबीर और रामानन्द के ज्ञान तत्त्वों में अन्तर की बात है उसे डॉ. द्विवेदी रहस्यात्मक वस्तु बता कर छोड़ देते हैं। वे लिखते हैं–"सभी परम्पराएँ इस बात का समर्थन करती हैं कि कबीरदास का रामानन्द के साथ सम्बन्ध था। कबीरदास ने स्वयं स्वीकार किया है कि रामानन्द ने उन्हें चेताया था पर क्या चेताया था और स्वयं क्या चेते हुए थे इस विषय में नाना मुनियों के नाना मत हैं।''[20] इस सम्बन्ध को परम्परा से सिद्ध करके आगे डॉ. हजारी प्रसाद द्विवेदी ने मूल प्रश्न को बिल्कुल मजाक बना कर रख दिया है। वे लिखते हैं–"ऐसी हालत में यह प्रश्न बहुत गौण हो जाता है कि कबीर ने जो कुछ रामानन्द से चेता था वह रामानन्द के चेते हुए ज्ञान का कौन सा रूप है। रामानन्द के प्रधान उपदेश अनन्य भक्ति को कबीर ने शिरसा स्वीकार कर लिया था। बाकी तत्त्व ज्ञान को उन्होंने अपने संस्कारों, रुचि और शिक्षा के अनुसार एकदम नवीन रूप दे दिया था।''[21] इस कथन में अचरज

19. वही, पृ.-152
20. वही, पृ.-95
21. वही, पृ.-98

की बात है कि डॉ. द्विवेदी मूल प्रश्न को गौण बना कर छोड़ देते हैं। जो असली समस्या है, जिसके कारण कबीर अस्पृश्य कहे गए थे, उसे गौण मान कर ऊल-जलूल जनश्रुतियों को प्रश्रय दिया जा रहा है और कबीर को मात्र भक्त कहने की कोशिश है। कबीर के जन्म की सामाजिक जिम्मेदारी बिना अपने ऊपर लिए डॉ. द्विवेदी कबीर के माया के सिद्धांत की समीक्षा यों करते हैं–"कबीर दास ने माया के सम्बन्ध में जो कुछ कहा है वह वस्तुतः वेदान्त द्वारा निर्धारित अर्थ में ही। खूब सम्भव है कि कबीरदास ने भक्ति सिद्धान्त के साथ ही माया सम्बन्धी उपदेश भी रामानन्दाचार्य से ही पाया था।"[22]

ये डॉ. द्विवेदी की कबीर के चिन्तन के बारे में मनगढ़न्त बातें हैं। उन्होंने इस प्रसंग को अन्तिम रूप इस प्रकार दिया है–"ऊपर की चर्चा पर से यदि किसी नतीजे तक पहुँचा जा सकता है तो वह यही है :

1. आचार्य रामानन्द ने अपने शिष्यों को किसी वेदान्तिकवाद का बन्धन नहीं लगाया था। वे स्वयं यद्यपि विशिष्टाद्वैतवादी थे पर अद्वैतवादी भक्ति ग्रन्थों को सम्मान की दृष्टि से देखते थे। उनके लिए भक्ति ही बड़ी चीज थी, फिर चाहे वह निर्गुण की हो या सगुण की, द्वैत भाव से हो या अद्वैत भाव से।
2. उनकी उपदिष्ट भक्ति, भिन्न-भिन्न रुचि, विधा और संस्कार वाले शिष्यों में नाना रूप में प्रकट हुई और,
3. कबीरदास के पदों से, जैसा कि हम आगे देखेंगे, एकेश्वरवाद, विशिष्टाद्वैतवाद, अद्वैतवाद, द्वैताद्वैत–विलक्षण–वाद आदि कई परस्पर विरोधी मतों के समर्थन हो सकते हैं पर इस विरोध का कारण कबीर दास के विचारों की अस्थिरता नहीं है बल्कि यह है कि वे भगवान को अनुभवेकगम्य और निखिलातीत तथा समस्त ऐश्वर्यों और विभूतियों का आगार समझते थे। इसीलिए लौकिक दृष्टि से जो बातें परस्पर विरोधी दीखती हैं, अलौकिक भगवद्स्वरूप में वे सब घट जाती हैं।"[23]

इस कथन में डॉ. द्विवेदी ने अपनी समस्याओं के सारे हल एक साथ अलौकिकता में ढूँढ़ लिए हैं। जब तक उनका मन्तव्य सधता रहा तब तक वे विद्वान और तार्किक बने रहे पर जब उनका मन्तव्य सधता नहीं दीखा तो वे विद्वत्ता और बौद्धिकता का आश्रय छोड़ कर रहस्य का सहारा ले लेते हैं। पूछा जा सकता है कि यदि कबीर के बारे में यही सिद्ध किया जाना था तो उन्हें प्रबंध के रूप में अपनी इतनी बड़ी पुस्तक लिखने की क्या आवश्यकता थी ? यदि उनसे यह कहा जाए कि

---

22. वही, पृ.-109
23. वही, पृ.-109-110

कबीर रामानन्द के शिष्य नहीं थे तो वे तुरन्त कमजोर जनश्रुतियों और कपटपूर्ण परम्पराओं का सहारा ले कर बौद्धिक रूप में सामने आते हैं। परन्तु यदि उनसे यह पूछा जाए कि कबीर और रामानन्द के विचारों में धरती और आसमान का अन्तर क्यों है तो वे इस प्रश्न पर अलौकिकता का नाम ले कर रोक लगाना चाहते हैं। वास्तव में हुआ यह है कि डॉ. द्विवेदी ने अपने इस निष्कर्ष में कि रामानन्द कबीर के गुरु थे रामानन्द को ब्रह्मसूत्र पर आनन्द भाष्य लिखने वाला रामानन्दाचार्य नहीं रहने दिया है और कबीर को वेदों का और ब्राह्मणों का खण्डन करने वाला कबीर नहीं रहने दिया है। चाहे सिद्धान्तों और जातियों का मेल न बैठे पर डॉ. द्विवेदी को ब्राह्मण को शूद्र का गुरु अवश्य घोषित करना था। डॉ. द्विवेदी की इस ब्राह्मणी मानसिकता में माना यह गया है कि शूद्र को बिना ब्राह्मण की कृपा के अपने आप या अपनी परम्परा से कोई ज्ञान प्राप्त नहीं हो सकता। इस प्रकार के दृष्टिकोण में ब्राह्मण की शूद्र को हर दृष्टि से नीचे गिराने की मनोवृत्ति काम कर रही है।

अब तक के इस लम्बे जिक्र में डॉ. द्विवेदी की उस मुख्य बात का जिक्र नहीं किया गया है जिसमें उन्होंने कबीर को निस्तेज, निष्प्रभावी और निष्क्रिय करना चाहा है। इस विद्वान की इस मूल चतुराई को ही समझना वास्तव में इस समीक्षा का मूल उद्देश्य है। ऐसा नहीं है कि डॉ. द्विवेदी ने कबीर के लक्ष्य को दिग्भ्रमित करने के लिए यह चतुराई अनजाने में खड़ी की है। नहीं, वे अच्छी तरह जानते हैं कि कबीर के चिन्तन में वेद-विरोध का कितना विस्फोटक तत्त्व विद्यमान है। उन्होंने सब कुछ जान-बूझ कर लिखा है। कबीर पर की गई उनकी समीक्षा उनके सिर के ऊपर से हो कर नहीं गई है बल्कि यह उनकी पकड़ में है। उन्होंने लिखा है—"कबीरदास का रास्ता उलटा था। उन्हें सौभाग्यवश संयोग भी अच्छा मिला था। जितने प्रकार के संस्कार पड़ने के रास्ते थे वे प्रायः सभी उनके लिए बन्द थे। वे मुसलमान हो कर भी असल में मुसलमान नहीं थे, हिन्दू हो कर भी हिन्दू नहीं थे, वे साधु हो कर भी साधु (अगृहस्थ) नहीं थे, वे वैष्णव हो कर भी वैष्णव नहीं थे, वे योगी हो कर भी योगी नहीं थे। वे कुछ भगवान की ओर से सबसे न्यारे बना कर भेजे गए थे।"[24] वे इसी क्रम में आगे लिखते हैं—"कबीरदास ने अपनी प्रेम-भक्ति-मूला साधना का आरम्भ एकदम दूसरे किनारे से किया था। यह किनारा सगुण उपासकों के किनारे से ठीक उलटे पड़ता है। सगुण उपासकों ने सब कुछ मान लिया था, कबीर ने सब कुछ छोड़ दिया था।"[25] डॉ. द्विवेदी ने कबीर द्वारा हिन्दुओं की सगुण उपासना के विरोध को नाम ले-ले कर स्पष्ट किया है। वे लिखते हैं कि कबीर ने "समस्त व्रतों, उपवासों

24. वही, पृ.-181
25. वही, पृ.-182

और तीर्थों को एक साथ अस्वीकार कर दिया। इनकी संगति लगा कर और अधिकारी भेद की कल्पना करके इनके लिए भी दुनिया के मान-सम्मान की व्यवस्था कर जाने को उन्होंने बेकार परिश्रम समझा।''[26]

यहाँ डॉ. द्विवेदी के कथन में कुछ सत्य है कि कबीर सबसे न्यारे बन कर चलेथे। हालाँकि इस सच्चाई में भी इतना झूठ जोड़ दिया गया है कि वैष्णव होते हुए भी और योगी होते हुए भी वास्तव में कबीर न वैष्णव थे और न योगी थे। लेकिन डॉ. द्विवेदी ने कबीर के प्राण तब खींच निकाले हैं जब उन्होंने कबीर को भक्त कहा है। कबीर को भक्त कहने में भी कुछ ज्यादा मुश्किल न होती लेकिन उन्होंने कबीर को समाज सुधार के विरोध में और उससे भिन्नता दिखाते हुए कबीर को भक्त कहा है। वे कबीर के बारे में लिखते हैं—''वे मूलतः भक्त थे। भगवान पर उनका अविचल अखण्ड विश्वास था। वे कभी सुधार करने के फेर में नहीं पड़े।''[27] कबीर को समाज सुधार विरोधी सिद्ध करने के लिए डॉ. द्विवेदी ने अपने कई कल्पित तर्क भी खड़े कर लिए हैं। उन्होंने कबीर के समाज सुधार के पक्ष में न जाने के कारणों को खोजते हुए लिखा है—''शायद वे अनुभव कर चुके थे कि जो स्वयं सुधरना नहीं चाहता उसे जबरदस्ती सुधारने का व्रत व्यर्थ का प्रयास है। वे अपने उपदेश 'साधु' भाई को देते थे या फिर स्वयं अपने आपको ही सम्बोधित करके कह देते थे। यदि उनकी बात कोई सुनने वाला न मिले तो वे निश्चिन्त हो कर स्वयं को ही पुकार कर कह उठते : ''अपनी राह तू चले कबीरा।'' अपनी राह अर्थात धर्म, सम्प्रदाय, जाति-कुल और शास्त्र की रूढ़ियों से जो बद्ध नहीं है, जो अपने अनुभव के द्वारा प्रत्यक्षीकृत है।[28]

डॉ. द्विवेदी ने कबीर के इस भक्त रूप को बार-बार और जोर दे कर कहा है। वे पुनः लिखते हैं—''कबीर दास का यह भक्त रूप ही उनका वास्तविक रूप है। इसी केन्द्र के इर्द-गिर्द उनके अन्य रूप स्वयमेव प्रकाशित हो उठे हैं।''[29] उन्होंने बताया है कि ''इस भक्ति या भगवान के प्रति अहेतुक अनुराग की बात कहते समय उन्हें ऐसी बहुत सी बातें कहनी पड़ी हैं जो भक्ति नहीं है पर भक्ति के अनुभव करने में सहायक है।''[30] उन्होंने कबीर के जीवन में केवल भक्ति को ही महत्त्व देते हुए आगे लिखा है—''फिर भी वह ध्वनित वस्तु ही प्रधान है, ध्वनित करने की शैली और सामग्री नहीं। इस प्रकार काव्यत्व उनके पदों में फोकट का माल है, बाई प्रोडक्ट है, वह कोलतार और सीरे की भाँति और चीजों को बनाते-बनाते अपने आप बन गया है।''[31]

---

26. वही, पृ.-183
27. वही, पृ.-220
28. वही, पृ.-220
29. वही, पृ.-220
30. वही, पृ.-220
31. वही, पृ.-220

डॉ. द्विवेदी ने इसी कोलतार और सीरे की चपेट में काव्य के साथ-साथ समाज सुधार को भी ले लिया है। वे लिखते हैं–"भक्ति तत्त्व की व्याख्या करते उन्हें उन बाह्याचार के जंजालों को साफ करने की जरूरत महसूस हुई है जो अपनी जड़ प्रकृति के कारण विशुद्ध चेतन तत्त्व की उपलब्धि में बाधक हैं। यह बात ही समाज सुधार और साम्प्रदायिक ऐक्य की विधात्री बन गई है। पर यहाँ भी यह कह रखना ठीक है कि यह भी फोकट का माल या बाई प्रोडक्ट ही है।"[32] उन्होंने कबीर के अध्ययन में कबीर को घोर व्यष्टिवादी घोषित कर के छोड़ दिया है। वे कबीर की मूल वृत्ति को ही बदल देना चाहते हैं जब वे लिखते हैं–"कबीर ने ऐसी बहुत सी बातें कही हैं जिनसे (अगर उपयोग किया जाए तो) समाज सुधार में सहायता मिल सकती है, पर इसीलिए उनको समाज सुधारक समझना गलती है। वस्तुतः वे व्यक्तिगत साधना के प्रचारक थे। समष्टि वृत्ति उनके चित्त का स्वाभाविक धर्म नहीं था। वे व्यष्टिवादी थे।"[33] यहाँ पर डॉ. द्विवेदी ने कबीर के चिन्तन के बारे में केवल अपनी बात कह कर सन्तोष नहीं कर लिया है बल्कि कबीर को समाज सुधारक मानने वाले लेखकों पर आक्रमण भी किया है। वे नहीं मानते कि कबीर ने कोई पंथ खड़ा किया था। उन्होंने उन लेखकों की मजाक उड़ानी चाही है जिन्होंने कबीर को एक नए पंथ का अगुवा माना है। डॉ. द्विवेदी लिखते हैं–"सम्प्रदाय प्रतिष्ठा के भी वे (कबीरदास) विरोधी जान पड़ते हैं। परन्तु फिर भी विरोधाभास यह है कि उन्हें हजारों की संख्या में लोग सम्प्रदाय विशेष के प्रवर्तक मानने में ही गौरव अनुभव करते हैं।"[34] इस जगह आ कर डॉ. द्विवेदी कबीर में कोई जान ही नहीं छोड़ते। उन्होंने अपने बुद्धि चातुर्य से कबीर को मिट्टी में मिला देना चाहा है।

अब कबीर के बजाय खुद डॉ. द्विवेदी के मस्तिष्क को जाना जाए। वास्तव में, उन्होंने कबीर को जनता के सामने प्रस्तुत करने में कोई छोटी-मोटी गलती नहीं की है। इससे यह भी पता चलता है कि ऐसे पौराणिक लेखकों की यह आज की गलती नहीं है। इन्होंने दलितों के चिन्तन को फ्यूज करने का यह खेल पिछले तीन हजार वर्षों से शुरु कर रखा है। जो कबीर के साथ विद्वत समाज द्वारा आज हुआ है, वह एक परम्परा है और दलितों के अन्य सन्तों के साथ भी यही हुआ है। देखा जा सकता है कि अयोध्या सिंह उपाध्याय 'हरिऔध', डॉ. श्याम सुन्दर दास, आचार्य रामचन्द्र शुक्ल, डॉ. हजारी प्रसाद द्विवेदी, आचार्य परशुराम चतुर्वेदी और डॉ. राम निवास चण्डक सरीखे हिन्दू लेखकों ने कबीर के दर्शन पर चारों ओर से धावा बोल रखा है। ऐसा दीख सकता है कि इन्होंने आपस में एक दूसरे के मतों का खण्डन

32. वही, पृ.-221
33. वही, पृ.-218
34. वही, पृ.-219

किया है पर वास्तव में ये सारे हिन्दू लेखक कबीर को मारने में एक-दूसरे के पूरक हैं। इन छह हिन्दू लेखकों ने कबीर को छह तरह से देखा है पर वह कबीर को छह तरह से उलट-पलट कर देखना भर है। परिणाम यह निकलता है कि इन्होंने कबीर को किसी भी दृष्टि से देखने पर जीने योग्य और सम्मान योग्य न छोड़ने का प्रयत्न किया है। कबीर को पलट कर जो जिधर से देखता है उधर से मांस नोच लेता है। इन्होंने कबीर को छह पालों की गेंद बना लिया है--एक इधर से ठोकर मारता है और दूसरा उधर से। इन छहों की समीक्षाओं को एक साथ मिला कर पढ़ा जाए तो कबीर इतिहास में रक्त और मांस विहीन कंकाल मात्र बचते हैं। डॉ. द्विवेदी ने अपनी तरफ से कबीर के चिन्तन को जिस तरह से नोचा है उसे निष्कर्ष रूप में पुनः इस प्रकार संक्षिप्त किया जा सकता है :

1. कबीर का अपना पैदायशी चिन्तन उनका नीच कुल में जन्म लेने के कारण अक्खड़ता का था।
2. केवल रामानन्द ने उनके चिन्तन में भगवदभक्ति का रस पैदा किया।
3. कबीर मूलतः भक्त थे और व्यक्तिवादी थे। उनका समाज सुधार से कोई खास वास्ता नहीं था।
4. कबीर ने कभी कोई सम्प्रदाय चलाने की नहीं सोची।
5. कबीर ने जहाँ कहीं समाज सुधार का काम करना चाहा है वहाँ उन्होंने कोई मजबूत तर्क प्रस्तुत नहीं किए।

ऊपर पाँचवें निष्कर्ष की व्याख्या अभी नहीं की जा सकी है। लेकिन यह जान कर आश्चर्य होता है कि डॉ. द्विवेदी ने कबीर को समाज सुधार के मामले में हलका तार्किक बताया है। उन्होंने लिखा है कि कबीर सामाजिक प्रश्नों से ढंग से नहीं जूझे हैं। इस मामले में उन्होंने विद्वत्ता के ऐसे गड्ढे खोदे हैं जिनमें चलने वाले का भूल में पाँव फँस सकता है। डॉ. द्विवेदी कबीर के बारे में उनके जन्म का उल्लेख करते हुए लिखते हैं--"ऐसे कुल में पैदा हुए व्यक्ति के लिए कल्पित ऊँच-नीच भावना और जाति व्यवस्था का फौलादी ढाँचा तर्क और बहस की वस्तु नहीं होती, जीवन-मरण का प्रश्न होता है। कबीरदास इसी समाज के रत्न थे।"[35] इसी बात को और अधिक बढ़ाते हुए डॉ. द्विवेदी ने लिखा है कि कबीर "सामाजिक विषमताओं को बौद्धिक तर्क-विलास की वस्तु न समझते रहे हों, यह आश्चर्य की बात नहीं है।"[36] लेकिन डॉ. द्विवेदी का छुपा हुआ मन्तव्य कुछ और है। वे अपने इस प्रकार के कथनों से कबीर की प्रशंसा नहीं कर रहे हैं बल्कि कबीर को अज्ञानी समझ कर उसका लाभ उठाना चाहते हैं जब वे आगे कहते हैं--"सौभाग्यवश उन्हें वे सब युक्तियाँ नहीं मालूम थीं जो इस स्पष्ट ही अनुचित समाज व्यवस्था को उचित साबित कर सकती

35. वही, पृ.-166
36. वही, पृ.-166

है।''[37] यहाँ डॉ. द्विवेदी द्वारा प्रयोग किए गए इस 'सौभाग्यवश' शब्द का अर्थ बड़ा ही विशेष है। इसका अर्थ तब अच्छी तरह निकलता है जब वे छुआछूत पर बहस करते हुए लिखते हैं–''गलत हो या सही 'पंडित' यह विश्वास करता है कि छूत उसकी सृष्टि नहीं है बल्कि एक अनादि कर्म प्रवाह का फल है। वह विश्वास करता है कि प्राणी मात्र जन्म कर्म के एक दुर्वार प्रवाह में बहे जा रहे हैं। अगर उसे सचमुच निरुत्तर करना है तो या तो उसे उस अनादि कर्म प्रवाह की युक्ति के भीतर से समझना चाहिए या फिर जन्म-कर्म के प्रवाह के इस विश्वास को ही निर्मूल सिद्ध कर देना चाहिए। यह अत्यन्त मोटी सी बात है। पर कबीरदास के निकट 'पंडित' या 'पांडे' इतना अदना सा और उपेक्षणीय जीव था कि उन्होंने कभी इस रहस्य को समझने की कोशिश नहीं की।''[38] जब कबीर स्वर्ग-नरक के सिद्धान्त को नष्ट करना चाहते हैं तो डॉ. द्विवेदी का लिखना है कि ''कहना बेकार है कि इस तत्त्व से पंडित अपरिचित नहीं है। वह भी जानता है कि यह स्वर्ग और नरक की कल्पना अविद्या की उपज है पर वह कितने ही प्रकार के अधिकारियों के अस्तित्व में विश्वास करता है। उसे निरुत्तर करने के लिए इस अधिकारी भेद के सिद्धान्तों की ही जड़ खोदनी चाहिए थी। इस प्रकार, कबीरदास का 'पंडित' वह पत्राधारी अधकचरा ब्राह्मण है जो ब्राह्मण मत के अत्यन्त निचले स्तर का नेता है।''[39] डॉ. द्विवेदी का मानना है कि कबीर ''यह जानते ही नहीं कि पंडित के पास भी तत्त्व ज्ञान है, मोक्ष और अपवर्ग की व्याख्या है, व्यावहारिक और पारमार्थिक सत्ता पर बहस है, स्थूल और सूक्ष्म की मर्यादा है, कर्म और बंध की धारणा है। यह वे कल्पना भी नहीं करते कि पंडित ऐसे प्रश्नों पर अपने शास्त्रों में विचार भी किया करता है।''[40] वे साफ लिखते हैं कि कबीर ने ''पौराणिक हिन्दू मत को दूर पर बैठे हुए दर्शक की भाँति ही देखा था।''[41]

एक तरफ डॉ. द्विवेदी ब्राह्मणवाद से लड़ने में कबीर की कमजोरियाँ और कमियाँ गिनाते हैं लेकिन दूसरी ओर वे स्वयं ब्राह्मणवाद का बचाव करते हैं। डॉ. द्विवेदी खुद ही कबीर के मित्र बनना चाहते हैं और खुद ही उनके दुश्मन भी। यदि कबीर समझाएँ तो किसे समझाएँ क्योंकि डॉ. द्विवेदी हिन्दू धर्म के स्वधर्म सिद्धान्त और अधिकारी भेद को अक्षरशः मानते हैं। वे हिन्दू धर्म की इन दोनों विशेषताओं का गुणगान करते हुए लिखते हैं–''यदि एक आदमी अपने पूर्वजों के बताए धर्म पर आरूढ़ है, चरित्र से शुद्ध है, दूसरी जाति या व्यक्ति के आचरण की नकल नहीं करता बल्कि स्वधर्म में मर जाने को ही श्रेष्यस्कर समझता है, ईमानदार है, सत्यवादी है,

37. वही, पृ.-166
38. वही, पृ.-131
39. वही, पृ.-131
40. वही, पृ.-132
41. वही, पृ.-132

तो वह निश्चय ही श्रेष्ठ है, फिर वह चाहे आभीर वंश का हो या पुक्कस श्रेणी का।"[42] इसी क्रम को जारी रखते हुए वे आगे लिखते हैं–"कुलीनता पूर्व जन्म के कर्मफल है, चारित्र्य इस जन्म के कर्म का प्रतीक है। देवता किसी एक जाति की सम्पत्ति नहीं है, वे सबके हैं और सबकी पूजा के अधिकारी हैं।[43] लेकिन इस सारे कथन में नया अधिकारी भेद खड़ा करते हुए डॉ. द्विवेदी इस प्रकार लिखते हैं–"पर यदि स्वयं देवता ही चाहते हों कि उनकी पूजा का माध्यम कोई जाति या व्यक्ति हो सकता है तो भारतीय समाज को इसमें भी आपत्ति नहीं। ब्राह्मण मातंगी देवी की पूजा करेगा पर मातंग के जरिए। क्या हुआ जो मातंग चाण्डाल है। राहु यदि प्रसन्न होने के लिए डोमों को ही दान देना अपनी शर्त रखते हों तो डोम ही सही। समस्त भारतीय समाज डोम को ही दान दे कर ग्रहण के अनर्थ से चन्द्रमा की रक्षा करेगा।"[44]

डॉ. द्विवेदी के इन शब्दों को सुन कर यहाँ डॉ. अम्बेडकर द्वारा लिखी गई पुस्तक 'रिडल्स इन हिन्दुइज्म' की याद आती है। डॉ. अम्बेडकर ने हिन्दू धर्म का अध्ययन करते समय करीब 33 पहेलियाँ खोजी थीं। लेकिन वे सारी की सारी पहेलियाँ डॉ. हजारी प्रसाद द्विवेदी जैसे किसी एक ही ब्राह्मण के मस्तिष्क को समझने की प्रक्रिया में उजागर हो जाती हैं। यह देखने की चीज है कि ब्राह्मणवादी लेखक अपने दिमाग को किस प्रकार इस्तेमाल करता है, दूसरों के लिए कितने भ्रम और झाँसे खड़े करता है, और हर बार सबसे ऊपर कैसे बना रहता है। वह सारी अच्छी-बुरी बौद्धिक चर्चाएँ कर जाएगा और अन्त में घूम-फिर कर स्वधर्म और अधिकारी भेद पर ही आएगा। डॉ. द्विवेदी बिल्कुल गीता के स्वर में स्वर मिला कर कह रहे हैं कि व्यक्ति को स्वधर्म की मार्यादाओं में रहना चाहिए और दूसरे लोगों की नकल नहीं करनी चाहिए। डॉ. द्विवेदी को कबीर पसन्द आएँगे यदि वे जुलाहे गिरी के अपने पैतृक पेशे को ही करते रहें। कुलीनता पिछले अच्छे कर्मों के कारण मिलती है, इस जन्म में केवल यही किया जा सकता है कि कोई शूद्र स्वधर्म का पालन करता हुआ दबंग वर्णों के सामने सामाजिक रूप से विनीत बना रहे। उनका यह भी कहना है कि यदि खुद विष्णु भगवान ही यह चाहने लगें कि उनकी पूजा शूद्र न करें बल्कि ब्राह्मण करें तो इस अधिकारी भेद में कुछ भी बुरा नहीं है। फिर डॉ. द्विवेदी ने कबीर की प्रशंसा जिन शब्दों में की है वे गौर से देखे जा सकते हैं। वे कबीर की प्रशंसा में लिखते हैं–"ऐसे थे कबीर···जन्म से अस्पृश्य, कर्म से वन्दनीय।"[45] शायद कबीर के सम्बन्ध में डॉ. द्विवेदी का यह सबसे खतरनाक प्रयोग किया गया वाक्य है। इसमें

42. वही, पृ.-171
43. वही, पृ.-171
44. वही, पृ.-171
45. वही, पृ.-167

उन्होंने कबीर को जन्म से अस्पृश्य माना है लेकिन यही तो कबीर के मनुष्य की सारे जीवन की लड़ाई रही थी कि वे जन्म से अस्पृश्य नहीं हैं। वे इस बात को समझाते-समझाते थक गए कि कोई मनुष्य अछूत पैदा नहीं होता, लेकिन डॉ. द्विवेदी के ब्राह्मण मन ने कबीर की प्रशंसा में भी यह बात मान कर नहीं दी है। यह इन जैसे विद्वानों के अचेतन मन की कहानी है। इनकी लेखनी से सही शब्द भूल कर भी नहीं निकल सकते।

अब तक डॉ. द्विवेदी की चिन्तन शैली पर काफी विचार किया जा चुका है। एक बार पुनः उनके चिन्तन को संक्षेप में रखा जा सकता है। अब वह इस प्रकार है :

1. कबीर का जन्म अक्खड़ नीच कुल में हुआ था और इसका प्रभाव उन पर बाद तक रहा था।
2. कबीर मूलतः भक्त थे और इसमें रामानन्द ने उन पर गुरु के रूप में कृपा की थी।
3. कबीर समाज सुधारक नहीं थे। वे इस लड़ाई को बौद्धिक और तार्किक स्तर पर ढंग से नहीं लड़ पाए।

चूँकि ऊपर पहले और तीसरे निर्णय में डॉ. द्विवेदी की दृष्टि से कोई अच्छाई नहीं है इसलिए ये दोनों निर्णय छोड़े जा सकते हैं। बाकी केवल दूसरा निर्णय बचता है। डॉ. द्विवेदी केवल इसी पर रुकना चाहते हैं। लेकिन डॉ. द्विवेदी का इसमें मन्तव्य क्या है ? इसमें उनका छुपा हुआ मन्तव्य यह है कि रामानन्द को छोड़ कर बाकी कबीर से उनका कोई मतलब नहीं है। उन्हें कबीर के जीवन में जहाँ ब्राह्मण दीखा है, उन्होंने कबीर के चिन्तन की केवल उसी जगह प्रशंसा की है। देखा जाए तो वास्तव में उन्होंने अपनी इस पूरी पुस्तक में यदि किसी की प्रशंसा की है तो केवल रामानन्द ब्राह्मण की। इससे आगे वे कबीर की केवल उतनी प्रशंसा करते हैं जितनी कबीर की चिन्तन प्रणाली रामानन्द की चिन्तन प्रणाली से मेल खाती है। रामानन्द को छोड़ कर उनकी लेखनी से कबीर की स्वतन्त्र प्रशंसा नहीं लिखी जा सकी। उन्होंने कबीर के भक्त रूप की भी प्रशंसा इसलिए की है क्योंकि उन्होंने उन्हें रामानन्द ब्राह्मण का शिष्य माना है। यह बात दावे से कही जा सकती है कि यदि उनके समय में यह सिद्ध हो जाता कि रामानन्द कबीर के गुरु नहीं थे तो पहली बात, वे कबीर पर ऐसी पुस्तक लिखने का व्यर्थ का उद्यम नहीं करते और दूसरी बात, यदि इस पुस्तक को लिखते भी तो उसमें यह लिखते कि कबीर किसी उच्च श्रेणी के भक्त नहीं थे। डॉ. हजारी प्रसाद द्विवेदी के इस पुस्तक के लिखने के उद्योग से यही बात सिद्ध होती है कि ब्राह्मण ने आज तक अपने सिवा किसी दूसरे की प्रशंसा नहीं की है। कबीर को इस बात का पूरा-पूरा पता है—वे तो यहाँ तक पूछ कर गए हैं कि "ब्राह्मण कीन्ह कौन को काजा।"[46]

---

46. कबीर साहित्य की प्रासंगिकता, सम्पादक विवेक दास, कबीर वाणी प्रकाशन केन्द्र, सदगुरु कबीर मन्दिर, कबीर चौरा मठ, वाराणसी-1, 1978, पृ.-10

तनिक डॉ. द्विवेदी के चिन्तन से हट कर देखा जाए कि कबीर की समस्या क्या थी ? जिसकी जैसी समस्या होती है वैसा ही उसका समाधान निकला करता है। डॉ. द्विवेदी ने निष्कर्ष निकाला है कि कबीर की समस्या व्यक्तिगत थी। पर क्या यह सत्य है ? क्या कबीर जैसे व्यक्ति की समस्या जिनका जन्म ब्राह्मणों द्वारा अस्पृश्य कही जाने वाली जुलाहे जाति में हुआ था, व्यक्तिगत रह सकती थी जो उसका व्यक्तिपरक समाधान बताया गया है ? क्या कबीर की समस्या खुद अकेले कबीर की थी ? क्या यह परम्परा से प्राप्त उनकी जाति की समस्या नहीं थी ? इस बात का खुद डॉ. हजारी प्रसाद द्विवेदी को भी ज्ञान है जब वे लिखते हैं–"सम्भवतः इस देश में ब्राह्मण श्रेष्ठता प्रतिष्ठित होने से पूर्व इन बाईस वयन जीवी जातियों में से कई जैन-बौद्धादि ब्राह्मणेतर धर्मों में उन्नत स्थान की अधिकारिणी रही होंगी।··· अन्यान्य वयन जीवियों की वर्तमान अवस्था का कारण उनका ब्राह्मणेत्तर विश्वास का आश्रय होना चाहिए। शायद इन्होंने शुरू-शुरू में ब्राह्मण धर्म का जबर्दस्त विरोध किया होगा।"[47] अपनी इसी खोज पर मुहर लगाते हुए वे आगे इति सिद्धम के रूप में लिखते हैं–"विरोध की मात्रा का कुछ अनुमान तो कबीर के पदों से ही हो जाता है।"[48] लेकिन इस जानकारी के बाद भी डॉ. द्विवेदी ने उलटा निष्कर्ष निकाला है कि कबीर समाज सुधारक नहीं थे। वे कबीर के विद्यार्थियों को बहकाते हुए लिखते हैं कि "जो लोग इन बातों से ही कबीरदास की महिमा का विचार करते हैं कि वे समाज सुधारक थे, वे केवल सतह पर ही चक्कर काटते हैं।"[49]

डॉ. द्विवेदी से पूछा जा सकता है--क्या तुलसी भक्त नहीं थे ? फिर उनके यहाँ फोकट का माल–"पूजिए विप्र सील गुन हीना शूद्र न गुन गन ज्ञान प्रवीना"[50] क्यों निकला है ? कबीर के यहाँ निकले हुए फोकट के माल और तुलसी के यहाँ निकले हुए फोकट के माल में यह धरती और आसमान का अन्तर क्यों है ? एक का बाई-प्रोडक्ट वर्ण विरोधी और दूसरे का बाई-प्रोडक्ट वर्ण समर्थन का क्यों है ? सच्ची बात यह है कि समाज सुधार या समाज बिगाड़ इन लोगों की भक्ति का बाई-प्रोडक्ट नहीं बल्कि यही उनका मूल उत्पादन है। इस मूल उत्पादन में जो साधन के रूप में इस्तेमाल की गई चीज है वह भक्ति है। यदि यह सच नहीं है तो मूल प्रश्न ज्यों का त्यों खड़ा रहेगा–दो भिन्न भक्तों का दो भिन्न समाजों में जन्म लेने के कारण उनकी भक्ति के अनन्तर पैदा हुए फोकट के माल या बाई-प्रोडक्ट एक समान क्यों

47. कबीर, डॉ. हजारी प्रसाद द्विवेदी, हिन्दी ग्रन्थ रत्नाकर कार्यालय, बम्बई-4, तृतीय परिवर्द्धित संस्करण 1950, पृ.-7
48. वही, पृ.-7
49. वही, पृ.-222
50. कबीर साहित्य की प्रासंगिकता, सम्पादक विवेक दास, कबीर वाणी प्रकाशन केन्द्र, सदगुरु कबीर मन्दिर, कबीर चौरा मठ, वाराणसी-1, 1978, पृ.-153

नहीं हैं ? लेकिन डॉ. द्विवेदी इस प्रश्न का उत्तर देने के लिए तैयार नहीं हैं। उलटे वे ऐसे प्रश्नों को गोलमोल करके अपने अप्रासंगिक उत्तर देते हैं। वे कबीर की प्रशंसा में लिखते हैं–"सर्वत्र उन्होंने एक समता (बेलेंस) रखी थी। केवल कुछ थोड़े से विषयों में वे समता खो गए थे। अकारण सामाजिक ऊँच-नीच मर्यादा के समर्थकों को वे कभी क्षमा नहीं कर सके।"[51] इस प्रशंसा से पता चलता है कि डॉ. द्विवेदी के अनुसार कबीर ने समाज पर बोलते समय अपने मन का सन्तुलन खो दिया था। भक्ति के मामले में वे पूर्णतः समता रखने वाले भक्त बताए गए हैं। प्रकारान्तर से डॉ. द्विवेदी के कहने का मतलब यह है कि अकारण के बजाय सकारण सामाजिक ऊँच-नीच की मर्यादा के समर्थकों का सम्मान करके उन्हें अपने चिन्तन में समता का प्रदर्शन करना चाहिए था जो उन्होंने नहीं किया।

डॉ. द्विवेदी द्वारा कबीर को समझने में एक खास बात यह है कि वे कबीर को समन्वयवादी नहीं मानते। उन्होंने अपनी पुस्तक में इस बात पर जो ज्यादा जोर दिया है कि कबीर सबसे न्यारे पैदा हुए थे इसमें उनका एक विशेष प्रयोजन है। उनका डर था कि कबीर को समन्वयवादी मानने में कबीर पर मुसलमानी प्रभाव मानना पड़ जाएगा। चूँकि समन्वयवादी में मुसलमानी चिन्तन का भी कुछ न कुछ मूल्य स्वीकार करना पड़ता है इसलिए कबीर पर इसी मुसलमानी प्रभाव का पूर्णतः निराकरण करने के लिए उन्होंने कबीर के विद्रोह को शुद्ध भारतीय विद्रोह से जोड़ा है। असल में, डॉ. द्विवेदी के सामने शब्द 'समन्वयवाद' हिन्दुओं और मुसलमानों के तत्कालीन राजनैतिक सम्बन्धों में टकराव के कारण फैशन में आया था। इसका मतलब है कि बातें दोनों धर्मों की अच्छी-अच्छी मान ली जाएँ। यह कोई बड़ी बात नहीं है लेकिन डॉ. द्विवेदी के पौराणिक मन को यह भी बर्दाश्त नहीं है। उनकी मंशा है कि कबीर को मुसलमानों के खेमे से पूरी तरह बाहर निकाला जाए। वे कबीर को ले कर समन्वयवाद के विरोध में लिखते हैं–"जो लोग कबीरदास को हिन्दू-मुस्लिम धर्मों का सर्वधर्म समन्वयकारी सुधारक मानते हैं, वे क्या कहते हैं, ठीक समझ में नहीं आता। कबीर का रास्ता बहुत साफ था। वे दोनों को शिरसा स्वीकार कर समन्वय करने वाले नहीं थे। वे समस्त बाह्याचारों के जंजालों और संस्कारों को विध्वंस करने वाले क्रान्तिकारी थे। समझौता उनका रास्ता नहीं था।"[52] लेकिन डॉ. द्विवेदी के इस कथन का अर्थ क्या रह जाता है जब वे कबीर को पौराणिक मत का सिद्ध करने का प्रयत्न करते हैं ? हाँ, जहाँ तक हिन्दू धर्म के विभिन्न मत-मतान्तरों का प्रश्न है, उन्हें ले कर वे कबीर को समन्वयवादी घोषित करने को तैयार हैं, बस, अन्तर यह है कि ऐसे

51. कबीर, डॉ. हजारी प्रसाद द्विवेदी, हिन्दी ग्रन्थ रत्नाकर कार्यालय, बम्बई-4, तृतीय परिवर्द्धित संस्करण 1950, पृ.-169

52. वही, पृ.-185

समय वे 'समन्वयवाद' शब्द का प्रयोग न करके कबीर के लिए समझ में न आने वाले 'द्वैताद्वैत-विलक्षण समतत्त्ववाद'[53] शब्द जंजाल का प्रयोग करते हैं।

समन्वयवाद और समतत्त्ववाद में डॉ. हजारी प्रसाद द्विवेदी के पौराणिक स्वार्थ का एक अन्तर है। समन्वयवाद का सामाजिक अर्थों में प्रयोग किया जाता है जबकि समतत्त्ववाद का प्रयोग तत्त्व शास्त्र के दार्शनिक अर्थों में किया जाता है। डॉ. द्विवेदी कबीर के सम्बन्ध से किसी प्रकार के समन्वयवाद के इसलिए खिलाफ हैं क्योंकि ऐसा मानने से मुसलमानों की सामाजिक व्यवस्था का लाभ उठाया जा सकता है। तब अधिकारी भेद वाली हिन्दुओं की अस्पृश्यता, जाति प्रथा और वर्ण व्यवस्था को छोड़ा भी जा सकता है जो वे कदापि नहीं चाहते। तात्त्विक दृष्टि के समतत्त्ववाद से डॉ. द्विवेदी को इसलिए परेशानी नहीं है क्योंकि दार्शनिक दुनिया में समाज व्यवस्था को बिना छेड़ते केवल बहस-मुँह-बाजी का कुछ भी घटित होता रहे—उससे कुछ खास फर्क नहीं पड़ता।

यह बात सही है कि जब डॉ. द्विवेदी कबीर को सबसे न्यारा सिद्ध करते हैं तो उनका मुख्य उद्देश्य कबीर को एक बार मुसलमानों से अलग कर लेने का है। सबके विरोध के नाम पर वे कबीर को सही मायनों में मुसलमानों से ही दूर रखना चाहते हैं। डॉ. द्विवेदी ने सही बात कही है कि "कबीरदास ने अपने को जुलाहा तो कई बार कहा है पर मुसलमान एक बार भी नहीं कहा। वे बराबर अपने को 'ना हिन्दू ना मुसलमान कहते रहे।"[54] वे अपनी इस सही बात के क्रम में आगे लिखते हैं—"आध्यात्मिक पक्ष में निस्सन्देह यह बहुत ऊँचा भाव है, पर कबीरदास ने कुछ इस ढंग से अपने को उभय-विशेष बताया है कि कभी-कभी यह सन्देह होता है कि वे आध्यात्मिक सत्य के अतिरिक्त एक सामाजिक तथ्य की ओर भी इशारा कर रहे हैं।"[55] यहीं से आगे डॉ. द्विवेदी कबीर को नाथों और जोगियों की जाति से जोड़ देते हैं। इसमें डॉ. द्विवेदी ने कोई गलत निष्कर्ष नहीं निकाला लेकिन इतना जरूर कहा जाएगा कि उन्होंने इस तथ्य का गलत लाभ उठाया है। जब उन्हें कबीर को मुसलमानों से अलग करना होता है तो कबीर पर नाथ प्रभाव का सहारा लेते हैं लेकिन बाद में कबीर के इस न्यारेपन का लाभ कुछ भी नहीं रह जाता जब वे कबीर को समतत्त्ववाद का नाम ले कर रामानन्द के शिष्य और पुराणों के वैष्णव सिद्ध कर देते हैं। तब वे दूसरे हाथ से कबीर के सारे न्यारेपन को ताक पर उठा कर रख देते हैं। यहाँ मूल बात यही है कि वे कबीर को वैष्णव का नाम ले कर मुसलमानों से अलग सिद्ध करने में खुद को असमर्थ पाते हैं।

इस प्रकार इस समीक्षा में देखा जा सकता है कि डॉ. हजारी प्रसाद द्विवेदी ने

53. वही, पृ.-32

54. वही, पृ.-9

55. वही, पृ.-9

कबीर को समझ कर भी समझना नहीं चाहा। उनका मुख्य लक्ष्य कबीर को समझने का नहीं था बल्कि कबीर को अपने पौराणिक खेमे में लाने का था। इस से कुछ निष्कर्ष निकलते हैं जो इस प्रकार रखे जा सकते हैं :

1. डॉ. हजारी प्रसाद द्विवेदी 'द्विवेदी' पहले हैं और 'डाक्टर' बाद में। 'द्विवेदी' उनके नाम के पीछे भले ही आया हो लेकिन जिस दिन वे डाक्टर नहीं थे उस दिन भी और एक अनपढ़ बालक के रूप में भी वे द्विवेदी थे। द्विवेदी ब्राह्मण होते हैं।
2. कबीर को आत्मीयता से समझने के लिए डॉ. हजारी प्रसाद द्विवेदी को जुलाहा होना चाहिए था। यदि जुलाहे हो कर वे कबीर के समान सामाजिक अपमान और ताड़ना सहते तो उन्हें पता लगता कि कबीर व्यष्टिवादी थे या समष्टिवादी। डॉ. हजारी प्रसाद द्विवेदी के पास अनुभूति के रूप में वह सामाजिक दर्द ही नहीं है जो कबीर के पास था। यही कारण है कि वे कबीर को समाज सुधारक नहीं मानते और उनके समाज सुधार को कोलतार का बाई-प्रोडक्ट और फोकट का माल कहते हैं।
3. डॉ. हजारी प्रसाद द्विवेदी कबीर को मूलतः भक्त मानते हैं। कारण स्पष्ट है, उनके ब्राह्मण वाले मन में समाज सुधार कोई महत्त्व की चीज नहीं है। वास्तव में, हिन्दुस्तान में समाज सुधार की भावना ब्राह्मण के संस्कार में नहीं है। उसे समाज की कोई समस्या व्यापे तो वह समाज सुधार की बात करे। वह समाज में सर्वोपरि स्थान रखता आया है—ऐसे व्यक्ति की दूसरे लोगों से सम्बन्धित अधिकार प्राप्त करने की कोई समस्या नहीं हुआ करती। असल में, कबीर साहित्य को समझने के लिए डॉ. हजारी प्रसाद द्विवेदी की एक अनधिकारी की चेष्टा है। वे एक अछूत की तरह नहीं सोच सकते।
4. ब्राह्मण धर्म में शास्त्रों को पढ़ने के लिए अधिकारी भेद का प्रश्न बहुत महत्त्वपूर्ण है। उसका कारण उन ग्रन्थों की भिन्न सामाजिकता है। भिन्न समाज के व्यक्ति को उन ग्रन्थों को पढ़ने की अनुमति नहीं दी जाती। बात साफ है, वे धर्म ग्रन्थ शूद्रों और अन्त्यजों के विरोध में लिखे गए थे इसलिए उन्हें नहीं पढ़ाए जाते थे। इस बात को ध्यान में रखते हुए कबीर साहित्य को पढ़ने के लिए भी अधिकारी भेद की बात उठ सकती है। जब डॉ. हजारी प्रसाद द्विवेदी हिन्दुओं के अधिकारी भेद की शिरसा स्वीकार करते हैं तो उन्हें कबीर साहित्य को स्वयं ही नहीं पढ़ना चाहिए था क्योंकि कबीर ब्राह्मण विरोधी समाज दार्शनिक हैं।
5. कबीर को मूलतः भक्त सिद्ध करने से पहले डॉ. हजारी प्रसाद द्विवेदी

को यह समझना चाहिए था कि ब्राह्मणी समाज व्यवस्था में दलित समाज को ईश्वर की भक्ति करने का अधिकार नहीं था। दलित लोग राम का नाम नहीं ले सकते थे। इसलिए दलित व्यक्ति की भक्ति करने की चाह तक में उसकी सामाजिकता उजागर रहती है। तथाकथित त्रेता युग में राम ने शम्बूक को तपस्या नहीं करने दी थी। ब्राह्मणी ग्रन्थों के अनुसार शूद्र को संन्यास धारण करने का अधिकार प्राप्त नहीं है।

6. एक सवाल पूछा जा सकता है--क्या गांधी जी भारत की राजनैतिक आजादी के सिपाही थे या मूलतः धार्मिक प्रवृत्ति के मनुष्य थे ? क्या राजनैतिक आजादी उनकी धार्मिक मूल प्रवृत्ति का कोलतार और बाई-प्रोडक्ट है ? इस प्रश्न का कुछ भी उत्तर दिया जाए लेकिन अगला प्रश्न यह है कि क्या डाक्टर अम्बेडकर बौद्ध पहले थे और समाज सुधारक बाद में ? डॉ. हजारी प्रसाद द्विवेदी सरीखे विद्वानों को जानना चाहिए कि डॉ. अम्बेडकर के लिए बौद्ध धर्म का ग्रहण करना भी एक सामाजिक हथियार है। यही बात कबीर के बारे में सही है। कबीर के लिए भक्ति समाज सुधार की प्रक्रिया को पूरा करने का साधन और माध्यम है।

7. यह डॉ. हजारी प्रसाद द्विवेदी ने बेमतलब और बिल्कुल बेसिर पैर की बात उठाई है कि कबीर की भक्ति और उनके समाज सुधार की भावना में कोई अन्तर था। ऐसी घोषणा करने से पहले उन्हें ध्यान रखना चाहिए था कि हिन्दुस्तानी समाज में कबीर और कबीर जैसे किसी भी अन्य दलित जाति के महापुरुष की सबसे पहली समस्या सामाजिक होती है। वह अपना मिशन समाज सुधार से ही आरम्भ करता है।

8. डॉ. हजारी प्रसाद द्विवेदी द्वारा यह फिर एक बौद्धिक झाँसा दिया गया है कि पहले तो कबीर के साथ समाज सुधारक जैसा छोटा शब्द जोड़ा गया है और फिर उन्हें उसमें भी सक्रिय और पारंगत नहीं माना गया। वास्तव में डॉ. द्विवेदी के सिद्धान्त की भक्ति के मुकाबले में कबीर समाज सुधारक नहीं बल्कि समाज क्रान्तिकारी थे। ये ब्राह्मणी विद्वान जाल ही अजीब तरह का फेंकते हैं कि सामान्य लोग आसानी से इनके चंगुल से बच कर नहीं जा सकते। भक्त और समाज सुधारक की डांडामेंडी में कबीर का समाज क्रान्तिकारी का रूप पूर्णतया भुला दिया गया है। वास्तव में, कबीर भक्त और समाज सुधारक के छोटे व्यक्ति न हो कर सामाजिक क्रान्ति के महान नेता थे। उन्हें हिन्दू धर्म के सुधार से कोई मतलब नहीं रह गया था जब उन्होंने अपने दलित समाज के लिए एक अलग धर्म दे दिया था। सामाजिक रूप में हिन्दुओं के

समाज का सुधार करना हर दलित व्यक्ति के समान उनका आरम्भिक प्रयत्न था लेकिन बाद में द्विजों की हर तरह से आजमाइश कर लेने पर वे भी आज की बीसवीं शताब्दी के डॉ. अम्बेडकर के समान अपने सामाजिक रूप में हिन्दुओं से पूरी तरह से अलग हो कर गए थे। कबीर हिन्दुओं से इतना विद्रोह करके गए थे कि सारी उम्र काशी को कर्मक्षेत्र बनाए रखने पर भी उनका मरना हिन्दुओं के इस तीर्थराज काशी में नहीं हुआ था।

9. मेरे मत में, कबीर के गुरु मक्खी और मच्छर हो सकते थे, कबीर के गुरु कुत्ते और बिल्ली हो सकते थे लेकिन रामानन्द ब्राह्मण उन के गुरु कभी नहीं हो सकते थे। रामानन्द को कबीर का गुरु बताने में इतिहास के साथ साजिश हुई है। यह ब्राह्मणों द्वारा साहित्य में अपना वर्चस्व बनाए रखने की कोशिश है। यह वैसी ही कोशिश है जैसी आजकल अम्बेडकर और गांधी के सम्बन्ध को ले कर की जा रही है। यदि दलित लोग डा. अम्बेडकर के बचाव में ढंग से नहीं लड़ सके तो कुछ दिन बाद हिन्दू विद्वान यह सिद्ध कर देंगे कि डा. अम्बेडकर महात्मा गांधी के सब से प्रिय शिष्य थे।

अध्याय-6

आचार्य परशुराम चतुर्वेदी : समन्वय का झूठ

आचार्य परशुराम चतुर्वेदी ने कबीर के बारे में एक नए शब्द 'समन्वयवाद' की खोज की है। इस शब्द से आचार्य चतुर्वेदी स्वयं परेशान हैं लेकिन हार-जीत कर उन्हें इसी शब्द की शरण लेनी पड़ी है। ऐसा क्यों है ? इसका एक मात्र उत्तर यह है कि आचार्य चतुर्वेदी ब्राह्मण कुल में जन्मे थे।

आचार्य परशुराम चतुर्वेदी की परेशानी खुद उनके शब्दों में देख ली जाए। वे लिखते हैं—"वास्तव में हमें कबीर साहब के सहज धर्म वा साधारण धर्म के अन्तर्गत जन्मान्तर और कर्मवाद तथा भक्तिवाद के अतिरिक्त, नाथ पंथियों के योगवाद, जैनियों के अहिंसावाद, सहजयानियों के सहजवाद वा मुसलमानों के एकेश्वरवाद तथा सूफियों के रहस्यवाद आदि अनेक मतों के प्रभाव स्पष्ट रूप में लक्षित होते हैं, जिनके आधार पर उन्हें कभी-कभी एक निरा समन्वयवादी कहने की प्रवृत्ति होती है।"[1] इस उद्धरण से ऐसा लगता है कि शायद आचार्य चतुर्वेदी कबीर को समन्वयवादी नहीं कहना चाहते। इससे आगे उन्होंने लिखा भी है—"फिर उन (कबीर) के लिए केवल इतना ही कह देना उचित और न्यायसंगत नहीं जान पड़ता।"[2] लेकिन देखना यह है कि आचार्य चतुर्वेदी इस विषय को किस प्रकार घुमाते हैं जब वे लिखते हैं—"कबीर साहब की रचनाओं से प्रकट होता है कि इस विषय में उन्होंने सत्य के वास्तविक रूप को समझने और समझाने की चेष्टा की थी और उन्हें विश्वास था कि इसके द्वारा वे सारे धार्मिक मतभेदों को सरलता से दूर कर सकेंगे।"[3] लेकिन आचार्य चतुर्वेदी यही लिखने तक सीमित नहीं रहे हैं। उन्होंने कबीर को समन्वयवादी सिद्ध करने के लिए अपनी पुस्तक—'कबीर साहित्य की परख' में 'कबीर साहब का समन्वयवाद' शीर्षक से एक स्वतन्त्र अध्याय ही लिख डाला है। इस अध्याय के अन्तिम पैरे में उन्होंने

1. कबीर साहित्य की परख, परशुराम चतुर्वेदी, भारती भंडार, लीडर प्रेस, इलाहाबाद, प्रथम संस्करण, संवत 2011, पृ.-53
2. वही, पृ.-53
3. वही, पृ.-53

जो लिखा है वह इस प्रकार है–"अतएव कबीर का 'समन्वयवाद' न तो किसी प्रकार का 'समझौता' है और न भिन्न वादों से चुनी गई 'अच्छाइयों' का समुच्चय मात्र है, जिसमें किसी को आपत्ति करने का कोई अवसर न मिल सके।"[4] लेकिन यहाँ तक आ कर भी आचार्य चतुर्वेदी विषय को पुनः धुँधला देते हैं जब वे अन्तिम रूप से इस प्रकार लिखते हैं–"यह वास्तव में कोई 'वाद' भी नहीं। यह एक प्रकार का सुझाव है जिस पर स्वयं कबीर साहब ने अमल किया है और जिस पर निरपेक्ष हो कर विचार करने को सभी स्वतन्त्र हैं।"[5]

पता चल रहा है कि आचार्य परशुराम चतुर्वेदी खूब परेशान हैं। वे किसी दुविधा में हैं और उनके अन्तरमन में घमासान युद्ध मचा हुआ है। उन्हें अच्छी तरह पता है कि कबीर ने अपने समय तक प्रचलित सभी मतों को अस्वीकार किया है। नीचे कबीर के बारे में खुद आचार्य चतुर्वेदी के शब्द दिए जा रहे हैं :

1. "कबीर साहब ने हिन्दू धर्म सम्बन्धी पौराणिक सिद्धान्तों के आधारभूत ग्रन्थ वेदचतुष्ट्य तथा स्मृति आदि की भी चर्चा की है और उन्हें भ्रमात्मक ठहराया है।"[6]
2. "कबीर साहब ने हिन्दुओं के अवतारवाद सम्बन्धी मत को भी निराधार बतलाया है और उनकी मूर्तिपूजा की व्यर्थता की ओर ध्यान आकृष्ट किया है।"[7]
3. "कबीर साहब ने इसी प्रकार हिन्दुओं के उपवास करने के उद्देश्य से अन्न छोड़ने को 'पाखंड' की संज्ञा दी है।"[8]
4. कबीर साहब की दृष्टि में "वैष्णवजन साधारणतः केवल भक्तिपरक पदों के भजन गाते फिरते हैं और अन्धों की भाँति सिर ऊपर किए हुए कीर्तन करते हैं जो सब दिखावा मात्र है।"[9]
5. "शास्त्रों के प्रति तो उन्होंने विशेष रूप से घृणा प्रदर्शित की है।"[10]
6. "बौद्ध धर्म के अनुयायियों का कबीर साहब ने कदाचित् केवल एक बार नाम लिया है और उन्हें भी शाक्तों, जैनों और चार्वाकों के साथ ही पाखण्डी कहा है।"[11]
7. "प्रसिद्ध चौरासी बौद्ध सिद्धों को वे संशय में पड़ा हुआ बतलाते हैं।"[12]

---

4. वही, पृ.-112
5. वही, पृ.-112
6. वही, पृ.-46
7. वही, पृ.-47
8. वही, पृ.-48
9. वही, पृ.-49
10. वही, पृ.-49
11. वही, पृ.-51
12. वही, पृ.-51

8. "जैन धर्म के अनुयायियों का भी उल्लेख कबीर साहब ने कई स्थलों पर किया है और श्रावकों, लुंचितों आदि के कार्यों की आलोचना की है।"[13]

इतना सब कुछ जानने के बाद भी आचार्य परशुराम चतुर्वेदी के पास कबीर के साहित्य को समझने के लिए सही शब्द क्यों नहीं हैं ? वे कबीर को समझ कर भी कबीर का ईमानदार प्रस्तुतीकरण क्यों नहीं कर रहे हैं ? क्या है जो उनके कंठ में अटक गया है और जिसे वे निगल न सकने की स्थिति में उगल भी नहीं पा रहे हैं ? आखिर किसने कहा था कि वे कबीर को समझने चलें ? स्पष्ट है, ये सारे प्रश्न किसी एक आचार्य परशुराम चतुर्वेदी के लिए नहीं हैं। ये प्रश्न उन सारे चतुर्वेदियों के लिए हैं जो कबीर को पढ़ कर भी अपने नाम के पीछे से 'चतुर्वेदी' का ब्राह्मण उपनाम नहीं हटा सके हैं।

असल में अपने नाम के पीछे 'ब्राह्मण' उपनाम सुरक्षित रख कर यह भी ब्राह्मण लेखकों की रणनीति का एक हिस्सा है कि कबीर को समन्वयवादी घोषित किया जाए। ऐसा कह कर वे कबीर को अपने मतलब का मुँह का गोल-मोल ग्रास बना लेना चाहते हैं। ऐसा करने में वे निश्चित रूप से कबीर के हाथ-पाँव तोड़ देते हैं पर इसकी उन्हें कोई चिन्ता नहीं है। उनका दृष्टिकोण यही होता है कि विरोधी से विरोधी चीज का भी अपने हित में भरपूर लाभ उठाया जाए। असल उद्देश्य यही है कि दलितों का अपना कोई अलग धर्म न उठ खड़ा हो।

हिन्दू दार्शनिकों का सबसे आखिरी दाँव समन्वयवाद के तर्क का बनता है। जब कोई चारा नहीं रहता, विरोधियों को बहकाने के सारे रास्ते बन्द हो जाते हैं, कथनी और करनी के अन्तर की पोल खुल जाती है, तब समन्वयवाद का तर्क आगे रखा जाता है। इतिहास में एक लम्बे काल तक इस बात के लिए लड़ाई लड़ी जाती है कि हिन्दू दार्शनिकों का अपना मत ठीक है लेकिन अन्तिम रूप से हारने से पहले समन्वय और सामंजस्य में अपना बचाव कर लिया जाता है।

आखिर समन्वय का अर्थ क्या है ? परिस्थितियाँ देख ली गई हैं परन्तु इसका व्यावहारिक पक्ष क्या है ? समन्वय शब्द बड़ा लुभावना लगता है, दूर से लगता है कि समन्वय होना ही चाहिए परन्तु जानने की बात यह है कि किन दो या दो से अधिक बातों में समन्वय होना चाहिए ? जब कबीर ने अपने आपको न हिन्दू कहा और न मुसलमान कहा—तो क्या तब वे इन दोनों धर्मों के समन्वय की बात कर रहे थे ? क्या समन्वय में यह शर्त होती है कि दो विचारों में से कोई एक मिट जाए ? क्या बौद्ध धर्म के भारत से लुप्त होने में उसका हिन्दू धर्म में समन्वय हो गया था ? क्या कबीर की लड़ाई हिन्दुओं और मुसलमानों की लड़ाई थी ? क्या कबीर इन दोनों

13. वही, पृ.-51

धर्मों से अलग एक तीसरे धर्म के संस्थापक या मतावलम्बी नहीं थे ? यह हिन्दू दार्शनिकों की कौन सी जरूरत रहती है कि वे कबीर के आन्दोलन को हिन्दू और मुसलमान के चश्मे से देखें ? ऐसा क्यों नहीं माना जाता कि कबीर की समस्या न हिन्दू की समस्या है और न मुसलमान की समस्या है बल्कि यह उनके दलित समाज की अपनी विशेष समस्या है ? हिन्दुओं और मुसलमानों के बीच में कबीर के वर्ग की निजी समस्या को धूल में क्यों रलाया जाता है ? हिन्दू मुसलमानों से अपनी समस्या का कबीर पर आरोपण क्यों करते हैं ? कबीर की समस्या आग की तरह चमकने वाली क्यों नहीं कही जाती ?

ऐसा नहीं है कि कबीर अपने समय के प्रति जागरूक नहीं थे। वे अपने समय के सक्रिय धार्मिक नेता थे। उन्होंने दलित समाज के अगुवा होते हुए भी हिन्दू और मुसलमानों की समस्याओं पर जरूर गौर किया होगा। उन्होंने इन दोनों के लिए अपनी ओर से कुछ समाधान भी सुझाए होंगे। पर वे समाधान वैसे ही होंगे जैसे समाधान डॉ. अम्बेडकर ने अपने युग में अपनी पुस्तक 'थॉट्स ऑन पाकिस्तान और दि पार्टिशन ऑफ इंडिया' में दिए हैं। समय और इतिहास के एक जागरूक दार्शनिक के नाते डॉ. अम्बेडकर ने हिन्दुओं और मुसलमानों की समस्याओं का समाधान बड़ी जिम्मेदारी से पेश किया था लेकिन उस समाधान देने में उन्होंने अपने दलित समाज की समस्या को नहीं भुला दिया था। उलटे, उस समाधान में भी उन्होंने अपनी समस्या का हल खोजना चाहा था। यह माना जाना चाहिए कि कबीर के सामने भी डॉ. अम्बेडकर जैसी समस्या थी। उन्होंने हिन्दुओं और मुसलमानों के बारे में यदि डॉ. अम्बेडकर की तरह कुछ बोल दिया तो इसका मतलब यह नहीं हो जाता कि वे अपने दलित समाज की मुख्य समस्या को तिलांजलि दे चुके थे।

दिक्कत यही है कि हिन्दू लेखक दलित समाज की समस्या को राष्ट्रीय स्तर पर उभरने और निखरने देना नहीं चाहते। वे समस्या की सारी चमक को गादले पानी में डुबो देते हैं। उन्हें केवल अपनी समस्या चाहिए—वे दूसरों की समस्या को आगे नहीं आने देते। चूँकि उस समय हिन्दुओं की समस्या मुसलमानों से बन रही थी इसलिए उन्होंने कबीर के क्रान्तिकारी समाज दर्शन को भी अपनी रूढ़िगत समस्याओं की चपेट में ले लिया। यह कबीर को मिटाने का अजीब तरीका है। इसमें कबीर कबीर न रहे बल्कि हिन्दू धर्म की ओर से मुसलमानों से लड़ने वाले एक सिपाही बन गए। इसमें बड़ी चालाकी से कबीर को हिन्दू लेखकों द्वारा अपनी ओर कर लिया गया है।

पुनः पूछा जाए--आखिर कबीर किन दो बातों में समन्वय करने वाले थे ? क्या वे किसी भी हालत में हिन्दुओं की अस्पृश्यता, जातिवाद और वर्ण-व्यवस्था से समन्वय करने वाले थे ? समन्वय में यही होने वाला था—"कुछ आपकी बात ठीक है और कुछ मेरी बात ठीक है।" लेकिन इसमें कबीर के लिए हिन्दुओं की कौन सी

बात ठीक कही जा सकती थी ? समन्वय में यह भी हो सकता था—"मैं अपनी बातों के लिए न अड़ूँ और आप अपनी बातों के लिए न अड़ो"—पर इसमें कबीर अपनी किस बात को छोड़ते ? और तीसरे यह कहना कि कबीर सामाजिक बातों में समन्वय चाहते थे तो यह कबीर दर्शन की आकाश में पतंग उड़ा कर और उसे वहीं कटवा कर कहीं अज्ञात स्थान में गिरने देने के लिए छोड़ देना है।

कबीर दलित समाज का नेतृत्व कर रहे थे। उनके दलित समाज की द्विज समाज से ऐतिहासिक लड़ाई चल रही थी। वे द्विज समाज की किसी सामाजिक बात को मानने वाले नहीं थे। यह संघर्ष चल ही रहा था कि बीच में मुसलमान आ गए। मुसलमानों ने कबीर से कहा कि हम तुम्हारे दलित समाज की समस्या का समाधान दे सकते हैं। इसमें कबीर ने मुसलमानों को केवल यही जवाब दिया है कि "भाई, आप बीच में मत पड़ो। आप मेरे दलित समाज की समस्याओं का समाधान नहीं दे सकते या जो समाधान आप देना चाहते हैं वे मुझे रुच नहीं रहे हैं।" केवल इतने वार्तालाप के लिए कबीर हिन्दुओं और मुसलमानों के बीच में समन्वय करने वाले कौन हो गए ? इससे आगे कबीर की समन्वय की बात मानी जा सकती थी यदि वे हिन्दुओं और मुसलमानों--दोनों के नेता होते। लेकिन हिन्दुओं के यहाँ अपने नेता पण्डित थे और मुसलमानों के यहाँ मुल्ला पहले से मौजूद थे। कबीर का न मन्दिर पर अधिकार था और न मस्जिद पर। हिन्दुओं और मुसलमानों के बीच में क्या डॉ. अम्बेडकर को कोई हिन्दुओं का या मुसलमानों का प्रतिनिधित्व करने देता ? फिर कबीर तो जाति से जुलाहे थे--हिन्दुओं का प्रतिनिधित्व करने का इस शताब्दी में वैश्य गांधी को भी अधिकार नहीं मिला और उन्हें गोली से उड़ा दिया गया।

वायवी और गैर-दुनियावी बातों में समन्वय कोई समन्वय नहीं है। तत्त्वशास्त्र में कुछ भी मान लिया जाए—इससे समाज पर क्या असर पड़ता है ? लेकिन आचार्य परशुराम चतुर्वेदी का मुख्य उद्देश्य यही है कि कबीर के दर्शन को फालतू और बेमतलब की बातों में उलझा दिया जाए। हिन्दू धर्म के मन्दिर का गर्भगृह अस्पृश्यता, जातिवाद और वर्ण-व्यवस्था है। आध्यात्मिक दर्शन और धार्मिक कर्मकांड इसके बाहरी उपादान हैं। कहा जा सकता है कि ये हाथी के दिखाने वाले दाँत हैं। इसके असली दाँत सामाजिक भेदभाव और छुआछूत के हैं। यदि इस हाथी के बाहरी दाँत तोड़ दिए जाएँ या बदल दिए जाएँ तो भी इसके अन्दर के दाँत अक्षुण्ण बचे रहते हैं। गर्भगृह को बचाए रख कर मन्दिर की चारदिवारी बदल दी जाए तब भी असलियत पर कोई फर्क नहीं पड़ता। कबीर को समन्वयवादी कहने में आचार्य चतुर्वेदी की यही छुपी हुई मंशा थी।

डॉ. अम्बेडकर भी हिन्दू धर्म के इस ऊपर-ऊपर के झूठे समन्वयवाद से जूझे हैं। बल्कि उन्होंने इसे एक पहेली कहा है और अपनी पुस्तक 'रिडल्स इन हिन्दूइज्म' में 'ब्रह्म धर्म नहीं है : फिर धर्म किस मर्ज की दवा है ?' शीर्षक से रखा है। उन्होंने

इस बात का पूरा विश्लेषण किया है कि भारत के लोगों ने ब्रह्मवाद की खोज की थी जो दर्शन की दुनिया में समाज के लाभ के लिए एक वरदान सिद्ध हो सकती थी। लेकिन उन्होंने आश्चर्य से पूछा है--"प्रश्न यह उठता है कि भारत में ब्रह्मवाद के इस सिद्धान्त का क्या हुआ ? यह धर्म का आधार नहीं बनाया गया था। जब यह पूछा जाता है कि ऐसा क्यों हुआ तो उत्तर में यह बताया जाता है कि ब्रह्मवाद एक दर्शनशास्त्र मात्र है। मानो दर्शनशास्त्र सामाजिक जीवन से न निकल कर 'न कुछ के लिए न कुछ में से' निकलता है।"[14]

लेकिन डॉ. अम्बेडकर दर्शनशास्त्र की इस परिभाषा और व्याख्या को सही नहीं मानते। वे आगे लिखते हैं--"दर्शनशास्त्र का विषय शुद्ध सैद्धान्तिक मामला नहीं है। इसकी व्यावहारिक सम्भावनाएँ हैं। दर्शनशास्त्र की जड़ें जीवन की समस्याओं में हैं और दर्शनशास्त्र जो भी सिद्धान्त आगे रखता है समाज के पुनर्निर्माण में उसका साधन के रूप में उपयोग किया जाना चाहिए। ऐसे दृष्टिकोण के अनुसार जान लेना ही पर्याप्त नहीं है। जो जानते हैं उनके लिए जरूरी है कि उस जानने के अनुसार अपने जीवन में उसे उतारें।"[15]

आगे डॉ. अम्बेडकर ने पहेली के मर्म को सामने रखते हुए पूछा है और उसका अपने ढंग से जवाब भी दिया है। वे लिखते हैं--"तब ब्रह्मवाद एक नया समाज बनाने के काम में फेल क्यों हुआ ? यह एक जटिल पहेली है। ऐसा नहीं है कि ब्राह्मणों ने ब्रह्मवाद को स्वीकार नहीं किया है। उन्होंने इसे स्वीकार किया है। लेकिन उन्होंने कभी यह पूछने की कोशिश नहीं की कि वे ब्राह्मण और शूद्र में, पुरुष और नारी में, जाति भाई और अन्त्यज में असमानता को कैसे सपोर्ट कर सकते हैं ? इसका परिणाम यह निकला है कि एक ओर हमारे पास ब्रह्मवाद का सबसे बड़ा सिद्धान्त है और दूसरी ओर जातियों, उपजातियों, अन्त्यजों, आदिम जातियों और जरायम पेशे की जातियों की बीमारी से ग्रस्त समाज है। क्या इससे बड़ा भी कोई विरोधाभास हो सकता है ? इसमें सबसे ज्यादा मजाकिया बात महान शंकराचार्य के उपदेशों की है। ये वे शंकरचार्य थे जिन्होंने एक साथ कई विचित्र और विरोधाभासी बातें सिखाई हैं कि ब्रह्म है, और यह ब्रह्म सत्य है, और यह सर्वव्यापी है, और उसी क्रम में ब्राह्मणी समाज के तमाम सामाजिक अन्यायों का ज्यों का त्यों प्रचार किया है। ऐसे दो विरोधों का एक साथ प्रचार करने वाला कोई सम्यक बुद्धि का आदमी नहीं हो सकता।"[16]

दर्शन शास्त्र और समाज की यह सम्बन्धहीनता डॉ. अम्बेडकर के लिए पहेली

14. सन्त रैदास का निर्वर्ण सम्प्रदाय, डॉ. धर्मवीर, शेष साहित्य प्रकाशन, 30/64 गली नं. 8, विश्वास नगर, शाहदरा, दिल्ली-32, पहला संस्करण, 1990, पृ.-83 पर अनुवादित और उद्धृत।

15. वही, पृ.-83

16. वही, पृ.-83-4

बनी हुई है लेकिन खुद हिन्दू विचारकों के लिए यह पहेली अनसुलझी नहीं है। हिन्दू विचारकों ने इसका एक पूरा तर्क खड़ा कर रखा है। इसे वे बार-बार प्रकट भी करते हैं। गीता प्रेस, गोरखपुर के कल्याण पत्रिका के चौबीसवें वर्ष के विशेषांक 'हिन्दू संस्कृति अंक' में भी इसे रखा गया है। उसमें एक लेख 'हिन्दू संस्कृति और दर्शनशास्त्र' के नाम से संगृहीत है। इस लेख में लिखा गया है–"हिन्दू समाज ने आचार को सदा कठोर रखा। आचार में तनिक भी त्रुटि या प्रमाद करने वाला क्षमा नहीं किया गया। साथ ही किसी के विचारों के सम्बन्ध में उसके प्रति असहिष्णुता नहीं प्रकट की गई।"[17] इसी तर्क के आधार पर हिन्दुओं ने अपने समन्वयवादी दृष्टिकोण में बुद्ध को अवतार घोषित कर लिया पर बुद्ध के एक भी उपदेश को नहीं माना। इसे हिन्दू धर्म की विशेषता बताते हुए इस लेख में बड़े गर्व से लिखा गया है–"अवतार होने पर भी भगवान बुद्ध के आदेश इसलिए मान्य नहीं हुए कि वे शास्त्र विरूद्ध थे।" इसमें आगे इसका खुलासा किया गया है–"आदेश न मानकर भी भगवान बुद्ध की हम जयन्ती मनाते हैं, उनकी पूजा करते हैं। जो व्यक्ति त्याग-तितिक्षादि से उच्च है, उसका आदर होना चाहिए, किन्तु उसके आदेश शास्त्र के विपरीत हों तो वे पालन करने योग्य नहीं हैं। यह हमारी संस्कृति का आदर्श है।"[18] लेखक ने अपने दृष्टिकोण को आगे जोर दे कर स्पष्ट किया है–"आचार के सम्बन्ध में जहाँ हिन्दू समाज शास्त्र के विपरीत भगवान के आदेश भी सुनने को प्रस्तुत नहीं, वहीं विचार के सम्बन्ध में यहाँ पूर्ण स्वतन्त्रता है।"[19] ऐसा यह हिन्दू धर्म और उसका यह समन्वयवाद है। यहाँ समन्वयवाद से भी आगे बढ़ कर हर प्रकार के विचार को स्वतन्त्रता दे दी गई है। समाज के मामले में कोई बदलाव नहीं आना है और विचार के क्षेत्र में कोई कुछ भी बकता रहे। घर में दीवारों पर महापुरुषों की तस्वीरें टाँग देंगे लेकिन अपने समाज और आचरण को उनके उपदेशों के अनुसार नहीं सुधारेंगे। इनसे जिसे चाहो उसे पुजवा लो लेकिन उसकी बात नहीं मानेंगे। यह सास का बहू से यही कहना है–"कोठे-कुठले से हाथ मत लगाना वैसे घर-आँगन सब तेरा है।"

वैसे हिन्दू विचारक किसी महापुरुष को समन्वयवाद और विचार-स्वातन्त्र्य में भी आसानी से नहीं आने देते। द्विज हिन्दू जीते जी उस महापुरुष का विरोध करते रहते हैं। ये उसके विचारों को दबाते हैं और उसके साहित्य को पुराने लोकायतियों के साहित्य के समान फूँक देते हैं। लेकिन जब इनकी मजबूरी हो जाती है और विदेशी प्रभाव वाले युग के कारण या किसी अन्य कारण से उसके आन्दोलन को दबा नहीं

---

17. हिन्दू संस्कृति अंक (चौबीसवें वर्ष का विशेषांक), कल्याण कार्यालय, गीताप्रेस, गोरखपुर, द्वितीय संस्करण, संवत 2050, पृ.-274

18. वही, पृ.-274

19. वही, पृ.-274

पाते तो उसे अपने नाकारा विचार-स्वातन्त्र्य में ले आते हैं। प्रस्तुत सन्दर्भ में कबीर समन्वयवादी नहीं थे बल्कि यह ब्राह्मणवादी लेखक आचार्य परशुराम चतुर्वेदी का अपना समन्वयवाद है कि उसमें कबीर को किस प्रकार रूपाएँ और नष्ट करें।

अध्याय-7

डॉ. रामनिवास चंडक : कबीर का दाह संस्कार

काशी नागरी प्रचारिणी सभा ने कबीर के दर्शन की ऊर्जा को मिटाने का काम केवल अयोध्या सिंह उपाध्याय हरिऔध की 'कबीर वचनावली' और डॉ. श्याम सुन्दरदास की 'कबीर ग्रन्थावली' छाप कर ही नहीं किया है। इस सभा ने डॉ. रामनिवास चण्डक की एक पुस्तक 'कबीर : जीवन और दर्शन' भी छापी है। इसका पहला संस्करण संवत 2035 में आया था। इस पुस्तक ने कबीर की मौलिकता को नष्ट ही नहीं किया बल्कि शमशान में ले जा कर उसका दाह संस्कार भी कर दिया है।

इस पुस्तक के दो खंड हैं। पहला खंड बहुत छोटा है और उसमें कबीर के जीवन और व्यक्तित्व पर प्रकाश डाला गया है। दूसरे खंड में सात अध्याय हैं जिन्हें हिन्दी का पहला, दूसरा, तीसरा, चौथा, पाँचवाँ, छठा और सातवाँ न कहा जा कर संस्कृत का प्रथम, द्वितीय, तृतीय, चतुर्थ, पंचम, षष्ठ, और सप्तम लिखा गया है। पुस्तक के अन्त में सन्दर्भ सहायक सामग्री की सूची दी गई है। इस सूची में कबीर सम्बन्धी पुस्तकों की संख्या कुल 11 है जबकि संस्कृत के मूल ग्रन्थों की संख्या 43 दी गई है। हिन्दी में अन्य ग्रन्थों के जो नाम दिए गए हैं वे भी संस्कृत के ग्रन्थों पर टीका-टिप्पणी ही हैं। दूसरे खण्ड में, जिसे डॉ. चंडक ने 'द्वितीय खंड' ही लिखा है, शीर्षक इस प्रकार हैं—'कबीर : मायावाद के आलोक में, 'सदगुरु', 'माया', 'कर्म सिद्धान्त', 'साधना', 'प्रेम, ज्ञान और भक्ति' तथा 'लक्ष्य प्राप्ति'। लेखक ने हर शीर्षक के साथ खींचातानी और ज्यादती की है, लेकिन यहाँ इनके 'कर्म सिद्धान्त' वाले अध्याय को ध्यान से देखने में ज्यादा लाभ रहेगा। अन्य शीर्षक ऐसे हैं जिनमें अमूर्त बातें कही जा सकती हैं लेकिन कर्म सिद्धान्त की कसौटी सामाजिक ठहरती है। इसमें लेखक कबीर के साहित्य को सामाजिक सन्दर्भ दिए बिना नहीं रह सका। इस पुस्तक को लिखने में लेखक की टेकनीक यह रही है कि कबीर की हर बात को वेद सम्मत ही नहीं बल्कि संस्कृत भाषा सम्मत भी दिखाया जाए। कबीर की दो पंक्तियाँ दे कर उसके पक्ष में या उसे सम्भालती हुई वेद, उपनिषद, मनुस्मृति, वेदान्त और गीता आदि से संस्कृत की कई पंक्तियाँ उद्‌धृत की गई हैं। इस पुस्तक की शैली से पता चलता

है कि लेखक कबीर को नहीं बल्कि संस्कृत के ग्रन्थों को अधिक महत्त्व देना चाह रहा है।

डॉ. राम निवास चंडक ने यह स्वीकार किया है कि "कबीर सामाजिक न्याय के प्रबल पोषक हैं। वे जीवन को श्रम साध्य बना कर अभीष्टतम की सिद्धि करना चाहते हैं।"[1] लेकिन डॉ. चंडक के लिए सामाजिक न्याय का यह वाक्य कोरा नारा बन कर रह जाता है जब वे लिखते हैं कि सामाजिक न्याय को प्राप्त करने का "अनन्य उपाय है जीवन को पवित्र एवं सादा बनाना"[2]। अगली पंक्ति में इस पवित्रता और सादगी को भी डॉ. चंडक ने "आहार की शुचिता आत्मशोधन की चेतना को जाग्रतावस्था की ओर उन्मुख करने में अनिवार्य उपादान" बता कर सन्तोष कर लिया है। डॉ. चंडक को पता होना चाहिए था कि 'सामाजिक न्याय' का अर्थ वह नहीं है जो उन्होंने इसे आहार शुद्धि में समेट कर ले लिया है। यह शब्द भारत के संविधान की उद्देशिका में आया है। वहाँ इसका अर्थ यह है कि अनुसूचित जातियों और अनुसूचित जनजातियों के लिए सरकारी सेवाओं में 22.5 प्रतिशत स्थान सुरक्षित रहेंगे। मण्डल आयोग की वजह से समाज के अन्य पिछड़े वर्गों के लिए 27 प्रतिशत स्थान सुरक्षित किए गए हैं। इस सामाजिक न्याय के निर्णय के विरोध में लोग पवित्रता, सादगी, आहार की शुचिता और आत्मशोधन पर नहीं गए बल्कि 'आत्मदाह' पर गए हैं। लेकिन यहाँ डॉ. चंडक अपनी पुस्तक में इसके आहार शुद्धि आदि के धार्मिक और मनमाने अर्थ निकाल रहे हैं।

पूछा जा सकता है कि डॉ. चंडक अपने इन वाक्यों से क्या कहना चाहते हैं– 'कबीर ने अपने जुलाहा होने का निस्संकोच वर्णन किया है, पर निम्न जाति में जन्म लेने का वास्तविक कारण संचित कर्मों को बताया है, तो भी ईश्वराधन के परिणामस्वरूप वे प्रस्तुत जन्म में 'उन्नति' कर रहे हैं। जुलाहा जन्म कर्म-ब्रह्म का विकास है पर वही सब कुछ नहीं है। जुलाहा होने पर भी कबीर के भीतर भक्ति ने मथित हो कर नवनीत का रूप ले लिया था।"[3] उन्होंने अपने पक्ष में कबीर ग्रन्थावली के 271 वें पद की यह पंक्ति भी उद्धृत की है :

कहत कबीर मोहि भगति उमाहा।
कृत करणी जाति भया जुलाहा।।

डॉ. चंडक ने इसमें आँख मींच कर स्वीकार कर लिया है कि यह पंक्ति निश्चित रूप से कबीर की है। लेकिन यदि कबीर ने जुलाहा जाति में अपने जन्म

1. कबीर : जीवन और दर्शन, डॉ. रामनिवास चंडक, नागरी प्रचारिणी सभा, वाराणसी, प्रथम संस्करण, संवत 2035, पृ.-142
2. वही, पृ.-142
3. वही, पृ.-144

को पिछले जन्मों में किए हुए संचित कर्मों को आधार माना है तो अगला सवाल यह बनता है कि कबीर ब्राह्मण से क्यों लड़ रहे थे ? डॉ. चंडक ने अपनी बात को और अधिक स्पष्ट किया है। वे लिखते हैं–"प्रस्तुत जन्म में जो कार्यकलाप हो रहा है वह संचित कर्म की प्रतिकृति है। इस प्रकार कबीर पुनर्जन्म सिद्धान्त के समर्थक हैं। उनके मत में व्यक्ति की दुरवस्था का कारण पूर्वजन्म का दुष्कृत्य ही था।"[4] इससे आगे उन्होंने यह भी लिखा है कि "पुनर्जन्म और नियतिवाद सिद्धान्त गणित के सिद्धान्त की तरह सत्य हैं।"[5]

डॉ. रामनिवास चंडक ने अपनी पुस्तक में पुनर्जन्म के बारे में एक नई बात और लिखी है। उन्होंने कार्ष्णाजिन आचार्य का मत देते हुए लिखा है कि "भोगे गए कर्मों के अतिरिक्त बचे हुए कर्म ही नई योनि के कारण हैं, आचार या शील नहीं।"[6] इस मत की पुष्टि में उन्होंने शंकर के शारीरिक भाष्य 3.1.10 को भी उद्धृत किया है।[7] यह विचित्र बात है कि पुनर्जन्म के वेदान्ती सिद्धान्त में आचार और शील को कोई महत्त्व नहीं दिया गया है। जीव का एक योनि से दूसरी योनि में पुनर्जन्म भी हो जाएगा और विधाता उसके आचारों और शीलों की गणना भी नहीं करेगा। एक तरफ पुनर्जन्म के सिद्धान्त को मानने में पहले ही भारी खतरा है लेकिन शील रहित पुनर्जन्म में तो सारे ही खतरे हैं।

कबीर के विचार को वैज्ञानिक बताते हुए कि कृत कर्म को छिन्न-भिन्न नहीं किया जा सकता,[8] जो स्वयं डॉ. चंडक की मनगढ़न्त बात है, उन्होंने तर्क दिया है कि "फल को अगर हम विद्यमान जन्म मान लें तब बीज को पूर्वजन्म मानना ही होगा।"[9] उन्होंने लिखा है कि "हमारा मौजूद जन्म पूर्व-कर्मों का परिणाम है। इसके भोग को ही 'भाग्य' वा 'कर्मफल' 'प्रारब्ध', 'विधिलिपि' इत्यादि संज्ञाओं में अभिहित किया जाता है।[10] इसके समर्थन में उन्होंने ऋग्वेद 10/48/1, कठोपनिषद 2/2/7 और छान्दोग्य उपनिषद 5/10/7 के उद्धरण पेश किए हैं। वे लिखते हैं कि "वह नियन्ता परमेश्वर ही जीवों को उनके कर्मानुसार सब भोग बाँटता है।"[11] तथा "जिसका जैसा कर्म होता है, जिसका जैसा ज्ञान होता है, उसके अनुसार कोई किसी 'जीव योनि' में

---

4. वही, पृ.-147
5. वही, पृ.-147
6. वही, पृ.-147
7. वही, पृ.-147
8. वही, पृ.-148
9. वही, पृ.-148
10. वही, पृ.-148
11. वही, पृ.-150

जा कर शरीर धारण कर लेता है, कोई 'स्थाणु योनि' में चला जाता है।"[12] डॉ. चंडक ने उपनिषदों का यह मत भी दिया है कि "जीव अवशिष्ट कर्मों के कारण उन-उन रमणीय कर्मों के अनुरूप श्रेष्ठ कर्म योनि में जन्मता है और उसके विपरीत कुकर्मों के कारण निम्न योनि अथवा भोग योनि ग्रहण करता है।"[13]

डॉ. रामनिवास चंडक ने कबीर द्वारा किए गए जुलाहेगिरी के काम की प्रशंसा श्रम की दृष्टि से नहीं बल्कि वर्ण और जाति की दृष्टि से की है। वे अपने मन्तव्य को स्पष्ट रूप से सामने रखते हुए लिखते हैं–"कबीर स्वयं जुलाहे थे। कर्मठ एवं धीर थे। उन्होंने कर्म क्षेत्र की क्यारी को अपने अध्यवसाय के जल से अभिसिंचित किया। जीवन के परम आराध्य प्रिय प्रभु की अर्चना के समय भी वे इस 'कर्म' से अलग नहीं हुए।"[14] इस उद्धरण से पता चलता है कि डॉ. चंडक ने कबीर के जिस कर्म की प्रशंसा की है वह वास्तव में उनका रोजी-रोटी कमाने का पेशा था। यह कोई धार्मिक दृष्टि का नित्य और नैमित्तिक कर्म या नैतिक दृष्टि का विधि और निषेध वाला कर्म नहीं था। डॉ. चंडक के अनुसार यह कबीर ने अच्छा किया कि अपना जुलाहेगिरी का पेशा ही अपनाया और किसी अन्य वर्ण या जाति का पेशा नहीं अपनाया। अपने इस दृष्टिकोण में डॉ. चंडक ने कोई सन्देह नहीं रहने दिया जब उन्होंने अपनी इसी पुस्तक में आगे लिखा है–"श्रुति का कथन है कि उन्हीं को ब्रह्म विद्या का अधिकारी समझना चाहिए, जो अपने वर्ण, आश्रम और परिस्थिति के अनुसार निष्काम भाव से यथोयोग्य कर्म करने वाले, वेद के यथार्थ अभिप्राय को समझने वाले, परब्रह्म की उपासना करने वाले और उसके जिज्ञासु हैं, जो स्वयं एकर्षि नाम से प्रसिद्ध प्रज्वलित अग्नि में शास्त्र विधि के अनुसार श्रद्धापूर्वक हवन करते हैं तथा जिन्होंने विधि पूर्वक ब्रह्मचर्य व्रत का पालन किया है।"[15] इसके लिए उन्होंने मुंडकोपनिषद 3/2/10 का सहारा लिया है। देखा जा सकता है कि यहाँ डॉ. चंडक ने बिना प्रकरण और बिना आवश्यकता के भी वेद विद्या में ब्राह्मण व्याख्या की अधिकारी भेद की बात पुष्ट कर दी है। यह अनावश्यकता समझ में लाई भी जाए लेकिन इससे आगे डॉ. चंडक ने यह भी लिख मारा है कि "कबीर के स्वर्ग सम्बन्धी विचार वैदिक स्वर्ग के समीप ही हैं।"[16] उनके ऐसे विचार का क्या किया जाए ? उन्होंने यह भी ध्यान नहीं दिया कि पुनर्जन्म और स्वर्ग के सिद्धान्तों में तालमेल नहीं बैठती।

---

12. वही, पृ.-150
13. वही, पृ.-150
14. वही, पृ.-155
15. वही, पृ.-157-58
16. वही, पृ.-158

कबीर ने इसमें कुछ भी गलत नहीं कहा था जब उन्होंने बीजक का शब्द संख्या 89 इस रूप में गाया था :

जीवन की जनि राखहु आसा, काल धरे है साँसा।
बाजी है संसार कबीरा, चित चेति ढारो पांसा।।[17]

लेकिन डॉ. रामनिवास चंडक ने इसका अर्थ किया है कि "यह संसार कर्मभूमि है। जीवन में कर्म की बाजी सोच-विचार कर खेलती चाहिए,"[18] इसके आगे मनुस्मृति के श्लोकों 12/20/21-22 के अनुवाद करते हुए लिखा है—"मनुष्य स्वयं कर्मों का भोक्ता है। जब उसके पाप अधिक और पुण्य कम होते हैं तब उसका जीव पशु आदि योनियों में जाता है, जब धर्म अधिक और पाप व अधर्म कम होता है, तब उसे विद्वानों का शरीर मिलता है और जब पाप तथा पुण्य बराबर-बराबर होते हैं तब उसे साधारण मनुष्य का जन्म मिलता है।"[19] कबीर के चिन्तन को स्पष्ट करने के लिए डॉ. चंडक को मालूम नहीं कि यहाँ उन्होंने कितना बड़ा सामाजिक अपराध कर दिया है। वे कुछ भी लिख देते पर कम से कम उन्हें कबीर के साथ मनुस्मृति को नहीं जोड़ना चाहिए था। इसमें वे भारत के दलित और पीड़ित समाज के प्रति सम्मान रखना भूल गए हैं। शायद उन्हें कोई बताने वाला नहीं मिला कि हिन्दुस्तान के श्रमिक समाज के लिए मनुस्मृति के श्लोकों का क्या अर्थ है। पश्चिमी उत्तर प्रदेश की भाषा में स्वामी अछूतानन्द ने अपने नाटक, शम्बूक मुनि बलिदान में मनुस्मृति के बारे में अपने पात्र से कहलवाया है :

निश दिन ये मनुस्मृति हमको जला रही है:
ऊपर न उठने देती नीचे गिरा रही है।
कुत्ते व बिल्लियों से भी बना के नीचा,
हा, शोक ग्राम बाहर हमको बसा रही है।[20]

डॉ. रामनिवास चंडक ने अपनी इस पुस्तक में एकाध गलती न करके कई गलतियाँ की हैं। 'प्रेम, ज्ञान और भक्ति' वाले अध्याय में वे एक गैर-जिम्मेदार आलोचक के नाते लिखते हैं—"कबीर ने स्पष्टतः सुरति प्रेम और स्मृति ग्रन्थों को लक्ष्य प्राप्ति का माध्यम स्वीकारा है। जगत के सभी साधनभूत उपाय इन्हीं के इर्द-गिर्द

---

17. वही, पृ.-158
18. वही, पृ.-158
19. वही, पृ.-158
20. राम राज्य न्याय नाटक : शम्बूक मुनि बलिदान, स्वामी अछूतानन्द जी हरिहर, बहुजन कल्याण प्रकाशन, 360/193 मातादीन रोड, सआदत गंज, लखनऊ-226003, दसवीं बार, 1989, पृ.-19-20

घूमते हैं। इससे पता चलता है कि जीवन को सदाचारपूर्ण दृढ़ आधार प्रदान करने में स्मृति का प्रयास मौलिक है जिसे कबीर ने स्वीकारा है।''[21]

डॉ. चंडक ने गीता की उसी रटी-रटाई बात को कई बार लिखा है कि ''स्वकर्म का आचरण करते हुए जीवन निर्वाह करना परमेश्वर की पूजा के लिए ही है, अपने लिए नहीं–भोग भोगने के लिए नहीं। लोक सेवा, यज्ञ, भक्ति आदि शुभ कर्म करने से जीव का जीवन उज्ज्वल होता है।''[22] उन्होंने प्रोफेसर हिरियन्ना का मत देते हुए लिखा है कि ''बाह्य कर्म में कोई ऐसी बात नहीं है जो आन्तरिक शक्ति से असामंजस्यपूर्ण हो।''[23] ऐसे समय ही डॉ. चंडक ने यह भी लिखा है–''कबीर श्रम की प्रतिष्ठा के साथ उसे ब्रह्म बनाने का आदेश देते हैं।''[24] स्पष्ट है कि यहाँ डॉ. चंडक कबीर को जुलाहेगिरी के स्वकर्म करने को ही कह रहे हैं। यदि कबीर जुलाहों में पैदा हो कर एक क्षत्रिय के सामने राज करने की चाह करें तो डॉ. चंडक जैसे ब्राह्मणवादी उन्हें इसकी अनुमति नहीं देंगे। जब कबीर ने जुलाहे जाति में जन्म ले कर भी राम का नाम जबरन ले कर दिखाया है तो ऐसे चिन्तक कुछ कर नहीं सकते लेकिन यदि इनकी चलती तो ये कबीर को यही कहते कि तुम्हें राम का नाम लेने का अधिकार नहीं है क्योंकि यह तुम्हारा स्वकर्म नहीं है। लेकिन वक्त के दबाव में ऐसे लेखकों ने कबीर को ब्राह्मणों के इस नियत स्वकर्म की अनुमति दे रखी है यद्यपि कबीर को अपने युग में इसके लिए डॉ. चंडक के पुरखों से काशी में संघर्ष करना पड़ा था। यही तो उस समय की लड़ाई थी कि वर्ण विभाजन के अनुसार भक्ति, ज्ञान और उनका प्रचार कबीर के स्वकर्म की गिनती में नहीं आते थे। कबीर का स्वकर्म जिसे गीता ने 'स्वधर्म' कहा है, कपड़ा बुनना था। कपड़ा बुनना छोड़ कर या कपड़ा बुनते हुए उन्हें ब्राह्मण, क्षत्रिय या वैश्य के स्वधर्मों को अपनाने की मनाही थी। डॉ. चंडक को मालूम होना चाहिए कि वे जिस वर्ण व्यवस्था के कर्म विभाजन में स्वकर्म की वकालत कर रहे हैं उसमें कबीर को ब्राह्मण से यह कहने का अधिकार नहीं था कि 'तू ब्राह्मण मैं कासी का जुलाहा पूछो मोर गियाना।' तुलसीदास ने कबीर की ऐसी प्रवृत्ति का विरोध किया है। तुलसी लिखते हैं :

> बादहिं सूद्र विप्र सन हम तुमसे कहि घाट,
> जाने ब्रह्म सो विप्रवर आँख देखावहि डाट।

---

21. कबीर : जीवन और दर्शन, डॉ. रामनिवास चंडक, नागरी प्रचारिणी सभा, वाराणसी, प्रथम संस्करण, संवत 2035, पृ.-204
22. वही, पृ.-159
23. वही, पृ.-159
24. वही, पृ.-159

डॉ. चंडक ने कबीर के भाव-भक्ति गीतों का गलत सामाजिक अर्थ लगाया है। अपने भगवान के सामने नम्र हो कर कबीर के इस विनीत निवेदन को कि 'जो कुछ किया जो हरि किया'[25] किसी भी दृष्टि से गलत नहीं कहा जा सकता। किसी भी ईश्वरवादी के लिए मनुष्य समेत अन्त में सारी सृष्टि भगवान की ठहरती है। लेकिन कबीर की इस भक्ति भावना को डॉ. चंडक ने गलत तरह से इस्तेमाल किया है। वे इसका अर्थ करते हुए लिखते हैं–"कबीर कर्मफल की व्यवस्थापक सत्ता में अटल विश्वास और अगाध श्रद्धा रखते हैं।"[26] यहाँ तक गनीमत थी क्योंकि यह वाक्य अपने प्रभावों में अमूर्त है लेकिन इससे आगे जोड़ते हुए वे यह भी लिखते हैं–"व्यक्ति के प्रारब्ध, जाति, आयु और भोग निश्चित हैं, उनकी प्रबन्ध गति में परिवर्तन करने की सामर्थ्य हम में नहीं है।"[27] बात वही हुई कि व्यक्ति के लिए उसकी जाति की प्राप्ति उसके पिछले जन्मों के कर्मों का फल है। हिन्दू धर्म ग्रन्थों को उद्धृत करते हुए यह बात कही जाए तो इसमें कुछ भी बुरा नहीं है, आश्चर्य यह है कि कबीर के नाम से यह बात कही जा रही है। कबीर के ईश्वरवादी होने का अर्थ हिन्दुओं की जाति व्यवस्था में विश्वास करना लगा लिया गया है। ऐसे तो मुसलमान और ईसाई भी ईश्वर में विश्वास करते हैं। उन्होंने भी अपने-अपने ईश्वर को सर्व-शक्ति-मान माना है। तो क्या ईश्वर को सर्व-शक्ति-मान मानने से उन्हें भी पुनर्जन्म के आधार वाली हिन्दुओं की वर्ण व्यवस्था और जाति प्रथा में विश्वास करने वाला मान लिया जाए ? ऐसे ही गलत तर्क के विरोध में डॉ. अम्बेडकर ने परिणाम निकाला था कि हिन्दू धर्म में सुधार करने का मतलब यह है कि उस में इनकी वर्ण व्यवस्था, वेद और ईश्वर तक को छोड़ना पड़ेगा। इस चक्कर में डॉ. अम्बेडकर अपने ईश्वर तक को छोड़ बैठे जिसका हिन्दुओं की वर्ण व्यवस्था से कोई मेल नहीं खाता। कबीर ऐसे चिन्तक हैं जो ईश्वर को अपने ढंग से मानते हैं और ब्राह्मणों की खड़ी की हुई वर्ण व्यवस्था, जाति प्रथा और अस्पृश्यता का कड़े शब्दों में विरोध करते हैं।

कबीर के सिद्धान्त को पहले स्वयं समझने में और फिर दूसरों को समझाने में डॉ. रामनिवास चंडक के सामने दो बातें रही थीं। पहली में उन्होंने यह मान लिया कि कबीर पुनर्जन्म के सिद्धान्त को और उसके आधार पर जाति में जन्म लेने को मानते हैं। दूसरी बात में उन्हें यह भी मानना पड़ा कि कबीर संसार में जाति पाँति की विभाजक रेखा को मानवता की विनाशक मानते हैं।[28] लेकिन समस्या यह है कि कबीर के बारे में अपनी इन दो विरोधी बातों में डॉ. चंडक तालमेल कैसे बैठाएँ ? इसके

---

25. वही, पृ.-162
26. वही, पृ.-162
27. वही, पृ.-162
28. वही, पृ.-165

उत्तर के लिए उन्होंने यह लिखा–"प्रत्येक जाति का श्रेष्ठकर्म ब्रह्मकर्म ही है। जाति मात्र में ऊँच-नीच का भेद नहीं है।"[29] उनका मतलब है कि जब कबीर जुलाहेगिरी का क़ाम करते हैं तो यह उनका काम ब्रह्म कर्म ही है। पर चूँकि कबीर जुलाहेगिरी का काम करते हैं इसलिए वे दूसरी जाति के मुकाबले में नीच नहीं हो जाते। यदि उनसे पूछा जाए कि यदि कबीर का जी पुजारी बन कर मन्दिर में पूजा पाठ करने को आ जाए तो उसका प्रभाव कैसा होगा। तब उसके लिए डॉ. चंडक का उत्तर स्वीकृति में नहीं होगा। इसके लिए उन्होंने कबीर के सबसे अच्छे शब्द 'सहज' का सबसे बुरा और असहज अर्थ लगाया है। उन्होंने लिखा है–"श्रम का आधान विश्व के साथ हो, उसे विश्वार्पण कर दिया जाए तो वही सहज समाधि का प्रतीक हो जाता है।"[30] इस क्रम में उन्होंने आगे पूछा है कि "जब पंचभूत भी अपने कार्य सहजता से करते हैं तब चेतन मनुष्य क्यों न अपने कार्य सहज के माध्यम से करें।"[31] उन्होंने लिखा है–"सहज कार्य नैसर्गिक हैं"[32] और यह जाति में जन्म लेने से प्राप्त होता है जो पिछले जन्मों के कर्मों के आधार पर प्राप्त होती है। यह तर्क कबीर के पूरे चिन्तन का नाश है। कबीर जीवनभर ब्राह्मण से लड़ते रहे थे लेकिन इसमें कबीर को खुद कबीर से लड़ा दिया गया हैं। कबीर ने जुलाहेगिरी छोड़ कर ब्राह्मणों की तरह भगवान की भक्ति करनी चाही थी। लेकिन डॉ. चंडक के अनुसार कबीर जो कपड़ा बुनता है वह अपने लिए ही नहीं बल्कि समाज के अन्य लोगों के लिए भी होता है। डॉ. चंडक की भाषा में यह कबीर का विश्वार्पण किया हुआ ब्रह्म कर्म हो गया है। ब्राह्मण का कर्म वेद के माध्यम से ईश्वर की आराधना करने का है। इसमें वह अपने लिए ही नहीं बल्कि अन्य लोगों के लिए भी ईश्वर की आराधना कर लेता है। जैसे कबीर का कपड़ा ब्राह्मण के भी पहनने के काम आता है ऐसे ही ब्राह्मण की ईश्वर भक्ति कबीर जुलाहे की ओर से भी की गई होती है। डॉ. चंडक के अनुसार कबीर को कपड़ा बुनना छोड़ कर ईश्वर की भक्ति नहीं करनी चाहिए और ब्राह्मण को ईश्वर भक्ति को छोड़ कर कभी कपड़ा बुनने के काम में हाथ नहीं लगाना चाहिए। यह डॉ. चंडक के तर्क का लब्बे-लुबाब है। ऐसे तर्क के पीछे कबीर लाठी ले कर न दौड़ेंगे तो और क्या करेंगे ? पूछा जा सकता है, यदि कबीर का कर्म जुलाहेगिरी का था तो उस समय के रामानन्द का सहज कर्म क्या था ? क्या रामानंद नाम का व्यक्ति कोई भी काम करता था ? यदि रैदास जूती बनाते हुए भगवान की भक्ति में गीत रच सकते थे तो रामानन्द भक्ति करते हुए चमड़ा क्यों नहीं रंग सकते थे ? यदि जुलाहेगिरी

29. वही, पृ.-165
30. वही, पृ.-165
31. वही, पृ.-165
32. वही, पृ.-165

करते हुए कबीर की भगवान की भक्ति सही थी तो रामानन्द ने ऐसा कोई काम क्यों नहीं किया ? यदि कबीर के लिए जुलाहेगिरी सहज कर्म है तो रामानन्द ब्राह्मण के लिए यह असहज कैसे हो जाता है ? क्या कबीर में और रामानन्द में कोई मौलिक अन्तर था ? क्या वे दोनों मनुष्य जाति में से नहीं थे ? रामानन्द ने बिना हाथ से श्रम का कोई काम किए भगवान की निखर्ची भक्ति कैसे की या कबीर को ऐसा मौका क्यों नहीं मिल सका ?

इस अध्याय के अन्त में डॉ. चंडक ने डॉ. राधाकृष्णन के शब्द उद्धृत करते हुए लिखा है कि "कर्म सिद्धान्त के बराबर उपयोगी सिद्धान्त जीवन में दूसरा नहीं है।"[33] किसी भी व्यक्ति को डॉ. चंडक के इस विश्वास से परेशानी नहीं हो सकती कि उन्हें पुनर्जन्म वाला कर्म सिद्धान्त उपयोगी लगा है। जो लोग धनवान घरों में जन्म लेते हैं वे इसकी उपयोगिता अवश्य ही बताएँगे। वास्तव में उन्हें जन्म लेने के दिन से ही 'पंडित जी पां लागे' का सम्मान मिल जाता है। इस सिद्धान्त के कारण वे निर्धनों के प्रति किसी प्रकार की सामाजिक जिम्मेदारी से भी बरी हो जाते हैं। लेकिन उन्हें अपने स्वर में कबीर के स्वरों की अन्धाधुन्ध व्याख्या नहीं करनी चाहिए थी। इस अध्याय की अन्तिम पंक्तियों में उन्होंने यह बड़ी गलत तुलना की है कि "वेद, उपनिषद की जिस चिन्तन धारा में शंकर हैं उसी धारा में कबीर आते हैं।"[34] यह कोई व्याख्या और तुलना नहीं बल्कि डॉ. चंडक का कबीर के सम्बन्ध से बोला गया सबसे बड़ा झूठ है।

33. वही, पृ.-116

34. वही, पृ.-170

सन्दर्भ साहित्य

1. अष्टादश स्मृति : भाषा टीका सहित, मूल लेखक मिहर चन्द, संशोधक तथा परिवर्धक नाम शरण सिंह, नाग प्रकाशन, 11 ए/यू.ए. जवाहर नगर, दिल्ली-110007, 1990
2. कबीर, हजारी प्रसाद द्विवेदी, हिन्दी ग्रन्थ रत्नाकर कार्यालय, बम्बई-4, तृतीय परिवर्द्धित संस्करण, 1950
3. कबीर और कबीर पंथ, डा. केदार नाथ द्विवेदी, हिन्दी साहित्य सम्मेलन, प्रयाग, प्रथम संस्करण, सन 1965
4. कबीर की विचारधारा, डा0 गोविन्द त्रिगुणायत, साहित्य निकेतन, श्रद्धानन्द पार्क, कानपुर, द्वितीय संस्करण, सम्वत 2014
5. कबीर गन्थावली, सम्पादक डा. श्याम सुन्दर दास, नगरी प्रचारिणी सभा, वाराणसी, 16वाँ संस्करण, सम्वत 2045
6. कबीर ग्रन्थावली : संजीवनी व्याख्या सहित, सम्पादक एवं भाष्यकार, डा. भगवत स्वरूप मिश्र, विनोद प्रकाशन मन्दिर, हास्पिटल रोड, आगरा-3, तृतीय संस्करण, 1977
7. कबीर : जीवन और दर्शन, उर्वशी सूरती, लोक भारती प्रकाशन, 15 ए, महात्मा गांधी मार्ग, इलाहाबाद-1 प्रथम संस्करण, 1980
8. कबीर : जीवन और दर्शन, डा. राम निवास चंडक, नागरी प्रचारिणी सभा, वाराणसी, प्रथम संस्करण, सम्वत 2035
9. कबीर बीजक, प्रस्तुतकर्ता डा. सुकदेव सिंह, नीलाभ प्रकाशन, 5 खुसरो बाग रोड, इलाहाबाद, प्रथम संस्करण 1972
10. कबीर वचनावली, अयोध्या सिंह उपाध्याय हरिऔध, नागरी प्रचारिणी सभा, काशी, 11वाँ संस्करण, सम्वत 2015
11. कबीर साहित्य की परख, परशुराम चतुर्वेदी, भारती भंडार, लीडर प्रेस, इलाहाबाद, प्रथम संस्करण, सम्वत 2011
12. कबीर साहित्य की प्रांसगिकता, सम्पादक विवेक दास, कबीर वाणी प्रकाशन केन्द्र, सतगुरु कबीर मन्दिर, कबीर चौरा मठ, वाराणसी-1, 1978
13. कौटिलीयम् अर्थशास्त्रम्, हिन्दी व्याख्याकार वाचस्पति गैरोला, चौखम्बा विद्या भवन, चौक, पो. बा. नं. 69, वाराणसी-221001, तृतीय संस्करण, 1984

14. जायसी ग्रन्थावली, सम्पादक राम चन्द्र शुक्ल, नागरी प्रचारिणी सभा, वाराणसी, 17वाँ संस्करण, सम्वत 2041
15. नानक वाणी, डा. जय राम मिश्र, लोक भारती प्रकाशन, 15 ए, महात्मा गांधी मार्ग, इलाहाबाद-1, द्वितीय संस्करण, 1988
16. प्राचीन कवियों की काव्य साधना, राजेन्द्र सिंह गौड, साधना सदन, इलाहाबाद-1, तृतीय आवृत्ति, 1952
17. राम राज्य न्याय नाटक : शम्बूक मुनि बलिदान, स्वामी अछूतानन्द जी हरिहर, बहुजन कल्याण प्रकाशन, 360/103 मातादीन रोड, सआदत गंज, लखनऊ-226003, दसवीं बार, 1989
18. लोकायन समीक्षा : दलित उत्पीड़न विशेषांक, वर्ष 1989-90, जनवरी-मार्च 1990, एक्स्चेंज स्टोर्स, 13 अलीपुर रोड, दिल्ली-110054.
19. सन्त कबीर, डा. राम कुमार वर्मा, साहित्य भवन लिमिटेड, इलाहाबाद, प्रथम बार, 1943, राग आसा-15
20. सन्त रैदास का निवर्ण सम्प्रदाय, डा. धर्मवीर, शेष साहित्य प्रकाशन, 30/64, गली नं. 8, विश्वास नगर, शाहदरा, दिल्ली-110032, पहला संस्करण, 1990
21. हिन्दी काव्य में निर्गुण सम्प्रदाय, डा. पीताम्बर दत्त वडथ्वाल, अनुवादक, परशु राम चतुर्वेदी, अवध पब्लिशिंग हाउस, पान दरीबा, लखनऊ, प्रथम संस्करण, सम्वत 2007
22. हिन्दू संस्कृति अंक : चौबीसवें वर्ष का विशेषांक, कल्पणि कार्यालय गीताप्रेस, गोरखपुर, द्वितीय संस्करण, सम्वत 2050

●●●